ESSAI CRITIQUE

SUR LES

DOCTRINES PHILOSOPHIQUES

SOCIALES ET RELIGIEUSES

DE

HENRI AHRENS

ENVISAGÉES PRINCIPALEMENT DANS LEUR RAPPORT AVEC LE DOGME CHRÉTIEN

PAR

A. CHAUFFARD

PRÉSIDENT DU TRIBUNAL DE LAVAUR (TARN)

PRÉCÉDÉ D'UN AVANT-PROPOS ET D'UNE NOTICE SUCCINCTE SUR LA VIE ET LES TR.
VAUX DU SAVANT ALLEMAND, EN DERNIER LIEU PROFESSEUR DES SCIENCES
POLITIQUES A L'UNIVERSITÉ DE LEIPZIG, AUTEUR D'UN TRAITÉ DE
DROIT NATUREL ET DE PLUSIEURS AUTRES ŒUVRES SUR LA
PHILOSOPHIE ET L'HISTOIRE GÉNÉRALE DU DROIT.

PARIS

ERNEST THORIN, ÉDITEUR

Libraire du Collège de France, de l'École normale supérieure,
des Écoles françaises d'Athènes et de Rome

7, RUE DE MÉDICIS, 7

1879

ESSAI CRITIQUE

SUR LES

DOCTRINES PHILOSOPHIQUES

SOCIALES ET RELIGIEUSES

DE

HENRI AHRENS

ESSAI CRITIQUE

SUR LES

DOCTRINES PHILOSOPHIQUES

SOCIALES ET RELIGIEUSES

DE

HENRI AHRENS

ENVISAGÉES PRINCIPALEMENT DANS LEUR RAPPORT AVEC LE DOGME CHRÉTIEN

PAR

A. CHAUFFARD

PRÉSIDENT DU TRIBUNAL DE LAVAUR (TARN)

PRÉCÉDÉ D'UN AVANT-PROPOS ET D'UNE NOTICE SUCCINCTE SUR LA VIE ET LES TRA-
VAUX DU SAVANT ALLEMAND, EN DERNIER LIEU PROFESSEUR DES SCIENCES
POLITIQUES A L'UNIVERSITÉ DE LEIPZIG, AUTEUR D'UN TRAITÉ DE
DROIT NATUREL ET DE PLUSIEURS AUTRES ŒUVRES SUR LA
PHILOSOPHIE ET L'HISTOIRE GÉNÉRALE DU DROIT.

PARIS

ERNEST THORIN, ÉDITEUR

Libraire du Collège de France, de l'École normale supérieure,
des Écoles françaises d'Athènes et de Rome

7, RUE DE MÉDICIS, 7

1879

NOTICE SUCCINCTE

SUR LA

VIE ET LES TRAVAUX DE HENRI AHRENS

———

Né le 16 juillet 1808 à Kinestadt, près Salzgitter, dans
le Hanovre, Ahrens fit ses premières études au collège
de Wolfenbüttel et passa ensuite à l'université de Gœt-
tingue. Les mouvements révolutionnaires qui éclatèrent
vers la fin de 1830 et qui se firent sentir dans la retraite
studieuse où il vivait le forcèrent à s'exiler. Il se réfugia
d'abord à Bruxelles et ensuite à Paris où il arriva vers
la fin de 1831. C'est dans ce grand centre intellectuel
qu'il acheva de se former après s'être adonné à l'étude
de la langue française. Fervent adepte de l'école philosophique de Krause, il aspirait à en propager les enseignements. C'est dans ce but que, dès 1833, il obtint l'auto-
risation de faire à Paris des conférences sur l'histoire de
la philosophie moderne allemande. Il eut ainsi l'occasion
de mettre en relief les doctrines de cette école de Krause,
à son sens supérieures, comme résumant toutes les
idées fondamentales qui se seraient produites dans la

1

succession des systèmes à partir de Leibniz, et conciliant notamment les vues de ce dernier philosophe et celles de Kant.

En 1834, il ouvrit à Paris, sous les auspices du gouvernement, un cours de philosophie, où, dans une première partie, il traite de l'anthropologie générale, dans une seconde, de la psychologie et des notions générales de la métaphysique. Une chaire de droit naturel allait être créée en sa faveur, quand il accepta l'offre d'une semblable chaire à l'université de Bruxelles. Cette branche de la science était à renouveler entièrement : la doctrine de Burlamaqui, qui appartenait à l'ancienne école de Wolf, doctrine datant de près de cent ans, et aussi surannée par le fond que par la forme, avait perdu presque toute autorité, et dans tous les cas ne pouvait répondre aux nouveaux besoins de l'époque. C'est à ces besoins qu'Ahrens s'imposa la mission de satisfaire, par son *Cours de droit naturel*, dont la première édition parut à Paris en 1838, après la publication de ses leçons de psychologie. Ce cours eut un grand retentissement, et, traduit en plusieurs langues étrangères, servit de base à l'enseignement du Droit, non seulement en Europe, mais encore dans le nouveau monde.

Elu en 1848 dans son pays natal, le Hanovre, député à l'assemblée nationale de Francfort, il fit partie de la commission de constitution. Se ralliant à l'opinion du grand parti allemand, qui ne cessa de combattre l'hégémonie de la Prusse, il se retira avec les autres députés du Hanovre après l'issue malheureuse de cette assemblée. Il ne reprit pas néanmoins à Bruxelles sa chaire qu'on avait laissée vacante et accepta les propositions du gouvernement autrichien, qui lui en confia une plus importante, celle de la philosophie du droit privé et public. C'est à l'université de Grætz qu'il fut appelé et où il continua son haut professorat jusqu'en 1860.

Durant cette période de sa carrière universitaire, il publia plusieurs nouvelles éditions de son cours de droit naturel, et bien d'autres travaux juridiques qui se résument dans son grand ouvrage, l'*Encyclopédie du droit*, qui parut en 1857. Le principe organique transporté de l'ordre vivant dans l'ordre social donne un cachet à part à cette œuvre qu'il intitule également : *Exposition organique du droit privé et public sur les bases de l'éthique*. Ahrens s'efforce ici d'embrasser, en le faisant entrer dans le moule de la loi organique, tout le développement de la science du droit. Il y passe en même temps en revue les doctrines des principaux jurisconsultes de l'Allemagne, et les juge successivement à la lumière du critérium fourni par les principes supérieurs de l'éthique. Bien que le côté technique et didactique tienne une large place, notamment dans l'exposé de la vraie méthode juridique et de ses principales applications, Ahrens s'impose ici avant tout la tâche du moraliste, ne cessant de lutter sur le terrain doctrinal contre les tendances matérialistes des nouvelles écoles. Le premier livre traite des principes de la philosophie du droit; le deuxième, de la généralisation historique et philosophique du droit; le troisième, de la vraie méthode juridique; le quatrième, du droit public national et international (1). Pendant son séjour à Grætz il avait publié, au début, une œuvre plus spécialement philosophique, sous ce ti-

---

(1) Nous avons fait une analyse critique de ces quatre livres, laquelle a été insérée, en 1866, dans le *Recueil de l'Académie de législation de Toulouse.* Notre traduction actuelle contenant deux volumes, nous avons dû modifier l'ordre des matières, en transportant dans le second tout ce qui a trait à l'histoire générale du Droit.

tre : *La philosophie du droit, ou le droit naturel d'après les principes de l'anthropologie,* qu'il compléta par la *Théorie organique de l'Etat* (Vienne, 1850). Il refondit et remania cette œuvre dans une autre plus étendue, qui parut à Vienne en 1870 , sous ce titre : *Le droit naturel, ou philosophie du droit et de l'Etat sur les bases d'une union conforme aux principes de l'éthique entre le droit et la culture.* Le premier volume embrasse et développe toutes les phases de l'histoire doctrinale ainsi que les principes généraux du droit ; le deuxième traite de l'application de ces principes par l'Etat aux diverses sphères de la culture. C'est là, théoriquement et pratiquement parlant, l'œuvre capitale d'Ahrens, dont le plan dépasse de beaucoup les proportions dans lesquelles s'est renfermé son cours français de droit naturel.

Ce grand ouvrage présente le résumé de ses leçons à l'université de Leipzig, où il avait été appelé, en 1861, comme professeur des sciences politiques et sociales. Là, comme à Bruxelles et à Grætz, il étendit son enseignement à la philosophie générale et historique ; mais il poussa plus avant dans les hautes régions de la politique. Après avoir posé cette science sur ses véritables bases historiques et philosophiques, il en élargit le cadre, dans lequel il comprend l'ensemble des moyens et conditions propres, dans la mesure des forces inhérentes au degré de culture, à assurer le progrès continu, et à réaliser les réformes les plus prochaines de l'état social. Donner à l'humanité conscience d'elle-même en lui faisant connaître le chemin qu'elle a parcouru dans le passé, les forces qu'elle a acquises dans le présent et les moyens les plus sûrs d'atteindre sa destinée, voilà les larges horizons qu'il ouvre à la politique. Ces horizons s'éclairent de la plus vive lumière dans le livre que nous avons signalé et où il traite à fond des rapports de l'Etat avec les diverses sphères de la culture sociale. Il y réagit avec la plus noble énergie contre les théories modernes tendant à faire prévaloir le droit de la force aveugle, et s'attache à démontrer que la paix dans l'ordre intellectuel et social ne peut se rétablir que par une nouvelle doctrine qui combine harmonieusement le principe de l'organisation avec celui de la liberté. Il en publia sous forme d'introduction à la science générale du droit un résumé des plus substantiels qui parut dans le recueil encyclopédique de Holtzendorff en 1869.

Elu, quelques années auparavant, comme représentant de l'université à la première chambre saxonne, il prit une part spéciale aux débats sur la question du Schleswig-Holstein et se posa comme le défenseur des droits de la nationalité.

C'est aussi à Leipzig qu'il fit paraître, en 1868, sa sixième édition de son cours français de droit naturel qui fut augmenté dans les principales matières d'aperçus historiques et politiques sur les questions les plus vitales qui intéressent l'avenir des sociétés. Sa théorie du droit public et du droit des gens y fut également présentée d'une manière plus complète.

Dans une savante introduction, l'auteur fait l'histoire des doctrines juridiques, lesquelles sont un fidèle reflet des divers systèmes philosophiques et de l'esprit général de l'époque où ils ont pris naissance. Cet exposé est complété par un appendice qui se trouve à la fin du deuxième volume.

Ahrens paraît avoir projeté une septième édition qui contiendrait de notables changements et augmentations. Elle devait paraître au commencement de

1875 (1); mais l'auteur est mort avant d'avoir pu réaliser ce plan. Il avait été également sur le point de publier une deuxième édition de son *Encyclopédie juridique* de laquelle il se proposait d'élaguer certains détails techniques ou minutieux, en ce qui concerne l'histoire soit des institutions allemandes soit des sources proprement dites du droit. Mais il avait ajourné cette nouvelle publication, pour laquelle il devait s'entendre, disait-il, avec un de ses collègues qui serait chargé de retoucher la partie positive du droit. Il comptait étendre sa critique à tous les nouveaux systèmes dont se serait enrichie la science juridique en Allemagne depuis 1857, date de la publication de son livre, et exposer ainsi d'une manière complète l'état actuel de cette science (2).

En nous faisant connaître sa détermination définitive à cet égard, l'auteur se montrait très préoccupé d'une œuvre autrement importante pour son époque. Il avait en vue et préparait un ouvrage en plusieurs volumes qui aurait présenté un tableau complet des doctrines philosophiques, religieuses et sociales de notre pays, et marqué le rôle qui doit lui être assigné dans la marche

---

(1) Dans une lettre qu'il nous adressait de Leipzig, au commencement de l'année 1874, l'auteur avait bien voulu nous mettre dans la confidence de ce projet en signalant les points qu'il se proposait d'y traiter plus à fond. — Nous reproduisons textuellement ses explications à cet égard : « Le principe de droit sera développé encore plus analytiquement, pour qu'il soit mieux compris dans son caractère propre et dans ses liens avec tout l'ordre moral. Dans le deuxième volume, je compte raccourcir plusieurs matières, par exemple les droits de personnalité, égalité, liberté, etc., en étendre d'autres, particulièrement la doctrine des rapports de l'Etat avec la religion, l'instruction et l'économie sociale ainsi que le droit des gens. »

(2) Le retard de la publication de notre traduction de l'*Encyclopédie juridique* s'explique par l'espoir que nous avions conservé jusqu'au dernier moment de voir paraître la nouvelle édition qui devait donner plus de valeur d'actualité à l'ouvrage.

de la civilisation. Il est à regretter que cette œuvre n'ait pu être menée à bout. Il en avait déjà tracé les grandes lignes dans son cours allemand de droit naturel, en faisant ressortir les différences essentielles qui séparent le génie de l'Allemagne de celui de la France. « L'Allemagne, » disait-il, « va du fond à la forme, c'est-à-dire s'achemine du progrès intérieur de sa culture vers un perfectionnement des formes gouvernementales, tandis que la France suit une marche diamétralement opposée, elle qui continue toujours à mettre la forme au-dessus du fond. » Le conseil suprême qu'il donnait à notre pays et qu'il lui aurait plus sûrement encore donné de nos jours, c'était de remplacer sa centralisation excessive par un système bien réglé d'autonomies locales qui assurent un libre cours, dans toutes les sphères de sa culture, aux forces et influences naturelles, de travailler, en un mot, à réformer son régime intérieur et à rendre à la société sa vie propre.

Cette divergence entre les voies suivies par les deux pays s'accuse parfois dans cet ouvrage d'une manière saisissante. C'est ainsi qu'en parlant de la renaissance nationale de l'Allemagne, qui lui apparaît comme le fruit et le dernier aboutissant politique de sa réforme morale et religieuse, l'auteur dit de la France que, « *détachée de son fondement moral*, elle a engendré un *contresens politique*, la Révolution, et fait de celle-ci elle-même un principe nécessaire en cherchant le salut dans le changement incessant des formes politiques de son gouvernement. » L'absolutisme politique du régime impérial a été, selon lui, le produit naturel de l'absolutisme de la raison, qui faisait entendre sous la Révolution ce cri insensé : *Périssent les colonies plutôt qu'un principe !* et sous Robespierre allait jusqu'à pousser cet autre cri : *Périsse l'humanité et la nation même plutôt que notre principe !* Le désarroi moral dans lequel l'Empire, en s'écroulant, a laissé la France, est tracé de main de maître. Il montre qu'elle a été conduite à deux doigts de sa perte par les abus d'une fausse identification de l'Etat avec la société si heureusement évitée par la constitution de 1848 (art. 13) (1), et dont la formule scientifique léguée par Rousseau a été développée jusque dans ses extrêmes conséquences par le deuxième Empire. La tendance croissante de l'Etat moderne à réaliser une concentration de toutes les forces, de tous les principes de vie est par lui vivement combattue. Il en fait ressortir le danger dans une image des plus saisissantes, comparant les coups d'Etat, si fréquents dans notre pays, qui résultent de cette concentration, aux brusques accès cérébraux qu'occasionne le reflux de toutes les humeurs à la tête. Pour rétablir la santé du corps social, dit-il, il est nécessaire de ramener les énergies vitales et les humeurs de la tête, où elles s'accumulent, aux membres. En mettant en regard le France et l'Angleterre, il fait remarquer, avec beaucoup de raison, que, dans ce dernier pays, le régime représentatif a pu se développer dans des conditions bien plus favorables, par le motif que beaucoup de services y sont détachés de l'Etat et que l'organisation administrative et politique n'englobe pas tout.

Les périls inhérents au suffrage universel, à l'exercice aveugle de la souveraineté du peuple, qu'il est amené à mettre en relief lorsqu'il étudie la situation ac-

---

(1) La constitution de 1848, dans l'article 13, oblige la société à établir, par l'Etat, les départements et les communes, des travaux publics propres à employer les bras inoccupés, à fournir l'assistance aux enfants abandonnés, aux vieillards sans ressource et aux infirmes.

tuelle de la démocratie américaine, ne sont, d'après lui, conjurés que par une séparation absolue entre l'ordre politique et l'ordre social, entre l'Etat et toutes les branches de la culture. Sans conseiller à la France de restreindre les attributions de l'Etat à ce minimum où elles se réduisent dans la constitution américaine, il voudrait qu'il soit assuré à l'activité individuelle et sociale une part d'autonomie de plus en plus large, et ne rencontrant aucune entrave de la part des pouvoirs établis. Son vœu final pour notre pays, c'est qu'il reprenne son assiette en posant, comme premier fondement de la liberté politique, les libertés sociales, et en reconstituant l'ensemble de ses forces spirituelles et morales.

L'année qui précéda sa mort, contristé de plus en plus, soit des suites que devait avoir pour l'état moral et religieux de l'Allemagne le système de persécution pratiqué à l'égard du clergé catholique au nom des intérêts prétendus de la civilisation, soit de la faveur croissante que rencontraient les théories juridiques fondées sur le droit aveugle de la force, Ahrens voulut encore réagir contre de pareilles tendances. Il fit paraître à Prague, en 1873, un écrit intitulé : *Les déviations de l'esprit moderne allemand*, où il condamnait de plus fort de pareilles théories et proposait de sérieuses réformes à introduire notamment dans l'étude historique du droit.

D'après ce court aperçu sur l'ensemble des travaux d'Ahrens, l'un des esprits les plus profonds et les plus positifs en même temps qu'ait produits l'époque actuelle, on voit qu'ils convergent tous vers un but unique, celui d'agrandir les horizons de l'éthique ou de la science sociale, en faisant prévaloir une plus haute conception du droit. Vivifier par là les institutions politiques et religieuses et en assurer le perfectionnement progressif ,

voilà la fin supérieure qu'il poursuit, la source de toutes les réformes qu'il propose. Par sa nature et les phases diverses de sa vie, alliant de la manière la plus heureuse le génie français et le génie allemand, il a contribué
sans doute plus que tout autre, de nos jours, à rendre
accessibles aux jurisconsultes de notre pays les côtés les
plus ardus de la philosophie juridique allemande. Par
la clarté et la précision qui président à la composition
de chacune de ses œuvres, il a vulgarisé cette science
au service de laquelle il a mis les trésors de sa vaste
érudition. Mais la tâche qu'il s'est imposée avant tout,
c'est de remettre en honneur les principes supérieurs
de la philosophie morale et religieuse à la lumière desquels il sait démasquer l'erreur et juger sûrement les
doctrines des principaux jurisconsultes de l'Allemagne,
dégageant la vérité de toutes les ombres du sophisme.
Sa méthode proprement dite, tirée du principe organique sur lequel se fonde la corrélation du droit avec tous
les rapports de la vie, c'est-à-dire avec le système entier du développement de l'ordre religieux, moral et
économique, il s'en fait principalement une arme contre le matérialisme doctrinal.

Il faut reconnaître que l'auteur obéit toujours aux
plus nobles inspirations, qu'il a su heureusement réagir
contre l'étroitesse d'esprit qui ne voit que le côté extérieur ou isolé des choses, ou se renferme dans l'étude
exclusive des faits et du monde réel.

Il a réussi à réformer l'étude historique du droit en la
rattachant à la science philosophique, à coordonner toutes les matières du droit privé et public d'après une logique plus rigoureuse. Ne séparant jamais l'homme de
l'ordre objectif, n'analysant ses facultés que pour les
mettre en regard du but à atteindre, il relie le droit à

l'éthique, à ce qu'il appelle la science de la vie humaine organisée harmoniquement d'après le principe du bien. Cette union, avec toutes ses conséquences, constitue le cachet propre de son œuvre, en fait comprendre les initiatives aussi hardies que fécondes quand on la rapproche de celle de ses devanciers, et permet le mieux de caractériser l'influence salutaire qu'elle a eue sur toutes les branches du droit.

Mais si, en assignant ainsi au droit et à l'Etat qui en est l'organe une influence prépondérante sur toutes les sphères de la vie, il a pu contribuer à établir une plus grande harmonie dans le fonctionnement du corps social, il n'a pas, ainsi que nous le montrerons dans l'essai critique qui va suivre, rempli jusqu'au bout la véritable mission qu'il s'imposait, celle d'assurer efficacement le développement de l'ordre moral et religieux tout entier. Faute d'avoir su reconnaître la primauté légitime de cet ordre, répondant à sa fin supérieure et l'autonomie qui lui compète vis-à-vis de l'Etat, eu égard à cette même fin, il nous paraît devoir rester finalement impuissant à raffermir les bases des sociétés si ébranlées de nos jours. Ce n'est point par des systèmes d'organisation plus ou moins bien combinés que s'obtiendra la paix sociale si désirée et si vainement poursuivie jusqu'ici, mais uniquement par le retour sincère à la foi religieuse et par l'entente parfaite entre l'Etat et l'Eglise.

AVANT-PROPOS

L'essai critique qui précède notre traduction se rattache à un parallèle projeté entre le rationalisme chrétien
et le catholicisme, envisagés par rapport aux fins de
l'homme.

Les points principaux de ce parallèle sont implicitement posés dans cet essai, par cela même que la doctrine de l'auteur, soit dans ses principes, soit dans ses
résultats, est au fond rationaliste. Mais cette doctrine se
pose en même temps comme essentiellement chrétienne,
de telle sorte qu'elle a pu nous fournir, mieux que toute
autre, ou, du moins, au même degré que toutes celles
empruntées aux principaux représentants de la philosophie française de cette époque, les éléments d'une comparaison décisive.

Dans quel sens revêt-elle le caractère chrétien, et jusqu'à quel point l'auteur peut-il se dire homme de foi ?
C'est là une question qui peut se détacher de l'examen
de sa théorie organique proprement dite sur le droit et
l'Etat, et à laquelle nous croyons devoir ici dès l'abord
répondre en interrogeant l'ensemble de ses œuvres.

Pour compléter cet exposé nous rechercherons ensuite
dans quelle mesure cette théorie sur le système organi-

que se rapproche ou s'éloigne, en ses fondements philosophiques, du dogme chrétien.

La partie systématique des opinions d'Ahrens empruntée à la métaphysique allemande, et notamment à l'école
éclectique fondée par Krause, l'éloigne, on ne saurait
s'empêcher de le reconnaître, de la foi au vrai Dieu vivant et personnel, infiniment libre, tel que le montre la
Révélation. Il ne se sépare pas en effet sur ce point, théoriquement parlant, des systèmes rationalistes qui veulent
concilier l'unité de substance, la non-création véritable
avec la personnalité et la liberté en Dieu. Admettant
l'union du fini et de l'infini comme impliquée par la loi
de perfectibilité qui doit se réaliser dans l'infinité du
temps et de l'espace, il supprime par ce rapport entre
Dieu et le monde, que l'un et l'autre présentent ou non
les deux aspects de la même substance, la réalité même
du Dieu vivant réduit à n'être, pour la créature du moins,
qu'une abstraction, un terme à jamais inaccessible. Cette
loi de perfectibilité indéfinie à l'appui de laquelle sont
invoqués tous les phénomènes de l'ordre vivant, tous
les grands faits de l'histoire, les bienfaits de la civilisation et les grandeurs de la science, est censée avoir nécessairement son accomplissement par le monde. L'homme
en ce sens est représenté comme gravitant toujours
vers Dieu sans pouvoir jamais l'atteindre.

Ayant ainsi admis comme point de départ la loi de
perfectibilité absolue, il faut que, pour être logique, il
en accepte toutes les conséquences ; et dès lors il méconnaît théoriquement l'immense portée du mystère de
l'incarnation par rapport à la vie présente et à la vie à
venir, voulant à toute force le faire rentrer dans le cadre de cette loi. Le but vraiment supérieur et surnaturel, la possession de Dieu commencée ici-bas, la com-

munion réelle dans le temps avec la sagesse et l'amour infini, en attendant la consommation avec le Verbe incarné, est défiguré; ou plutôt il est logiquement nié par cela même que l'auteur introduit, comme la plupart des rationalistes, dans l'essence divine, une sorte de nécessité qui exclut toute possibilité d'ordre surnaturel en dénaturant le premier acte de cet ordre, la création, acte infiniment libre, et en méconnaissant par suite l'action souverainement indépendante de Dieu au sein de son œuvre. Reléguant Dieu dans les profondeurs infinies et inaccessibles de l'éternité, il admet une continuation de la vie dans le temps et l'espace, mais uniquement comme moyen pour l'homme de s'amender, de se compléter et d'atteindre finalement sa destinée en exécution du plan de la justice absolue.

Mais abstraction faite de son point de départ doctrinal, qui exclut toute manifestation ou toute communication possible de la personnalité du Dieu absolu, qu'on suive Ahrens dans l'étude pratique des questions qui intéressent l'état actuel ou l'avenir du monde et sur le terrain de l'histoire; partout le moraliste chrétien fera entendre les plus nobles accents. Il rend sans cesse hommage à la religion du Christ, et reconnaît que la société actuelle vit sur le capital moral du christianisme, sur les généreuses idées d'humanité accumulées par lui, et dont une philosophie spiritualiste et une noble littérature se sont fait les organes. Le mal des temps modernes, il le trouve principalement dans la glorification incessante de la puissance et des forces brutales qui exerce une action de plus en plus funeste sur les classes qui vivent de leur travail; et il l'attribue en grande partie au déclin moral, à l'affaiblissement des croyances religieuses qui se manifeste dans les haules régions de la culture sociale et intellectuelle. Même pour les associations libres et corporations dont il propose la reconstruction sur des bases essentiellement chrétiennes, il fait dépendre leur consolidation dans l'avenir des principes et sentiments moraux et religieux de leurs fondateurs. A plusieurs reprises, et notamment quand il traite de la politique de la propriété, il insiste sur ce point que les vérités fondamentales de la religion ne sont pas seulement maintenues par la foi, mais développées méthodiquement par la science philosophique, remises en honneur par une littérature qui, tout en s'adressant, dans les œuvres d'art, à l'imagination, doit s'inspirer d'un idéal dont la dernière source est en Dieu et ce qui est divin. Enfin quand, embrassant dans un tableau d'ensemble les résultats des réformes proposées, il montre la société humaine se constituant en un vaste organisme vivifié par l'éthique qui embrasse dans sa féconde unité la religion, la morale et le droit, il donne à sa pensée une ampleur religieuse qui en est comme le couronnement final : « La vie sociale tout entière, » dit-il, « progressera d'autant plus que les sources supérieures de vie, la religion, la morale, le droit, la science et l'art, s'unissant dans une alliance intime, verseront avec plus d'abondance leurs effluves vivifiantes dans lesquelles viendront se retremper les individus et les nations elles-mêmes, grâce à la nouvelleénergie intérieure et au libre essor des facultés de l'âme (1). » S'il allie ici à la religion, à la morale et au droit la science et l'art qu'il semble élever au niveau des trois autres sphères, sa pensée nous paraît pouvoir s'interpréter néan-

____

(1) Voyez le deuxième volume de notre traduction. *Histoire générale et philosophique du Droit.*

moins dans un sens chrétien, alors qu'on la rapproche du passage précédent où il est fait un appel essentiellement religieux à la science et à l'art.

Mais c'est surtout sur le terrain historique que l'action salutaire et indispensable de la morale religieuse est mise en relief. C'est là qu'il montre, d'une manière décisive, que la loi morale qui depuis le commencement du monde consiste à combattre l'égoïsme, ramène à Dieu. Elle est ainsi rendue nécessaire au maintien de l'ordre social, lequel est, d'après le plan divin, le milieu unique où l'homme étant à la fois, et par le même motif raisonnable et sociable, peut développer ses facultés et atteindre sa destinée. L'histoire des temps primitifs lui fournit la preuve que le lien entre Dieu et l'homme établi par les premières révélations forme en même temps, entre celui-ci et ses semblables, le lien moral le plus puissant. Il attribue ainsi l'affaiblissement et l'obscurcissement du sentiment de l'unité et de la communauté de vie entre les hommes à ce fait, devenu dominant et de plus en plus général, qu'ils ont méconnu l'unité souveraine au-dessus d'eux. Avec le progrès du polythéisme et à proportion qu'ils s'éloignaient de la foi monothéiste, devaient se rompre les liens qui les rattachaient les uns aux autres. C'est la nécessité de raffermir ces liens qui dut maintenir, tant que dura le paganisme parmi les anciens peuples, une union plus ou moins étroite entre l'ordre civil et l'ordre moral, entre l'élément religieux et l'élément civil ou politique.

C'est surtout lorsqu'il en arrive à l'établissement du christianisme que l'expression des convictions religieuses d'Ahrens dépouille toute équivoque. Il y a ici dans son *Histoire de la philosophie du droit* une reconnaissance des plus énergiques de l'origine divine, du côté surhumain du christianisme. Qu'on en juge par ce passage :

« Après la plus profonde déchéance de l'humanité s'éloignant de plus en plus de Dieu et se repliant égoïstement sur elle-même, telle qu'elle s'est produite au sein du peuple romain, s'opère un revirement prodigieux, une progression en sens contraire atteignant d'un seul coup ses extrêmes limites, au point qu'elle ne saurait se comprendre par des forces purement humaines. De même que le globe terrestre, dans sa révolution réglée par les lois nécessaires de la nature, se rapproche le plus du soleil après s'en être le plus éloigné, de même, dans le monde spirituel et moral que régit la loi de liberté, s'est accomplie l'ascension la plus haute vers Dieu par une action divine immédiate. Une grande signification s'attache ainsi à la naissance du Christ dans les jours les plus courts de notre période hivernale. L'humanité avait été saisie par le froid glacé de l'égoïsme qui envahissait tous ses membres. Dieu lui fit entendre alors une nouvelle parole de vie, et la lumière brilla de rechef pour elle. Une nouvelle ère commença.

« Dans la vie collective de l'humanité, dans l'histoire, il convient de rendre à Dieu ce qui est de Dieu. De quelque point de vue qu'on puisse envisager le rapport de Jésus comme homme avec Dieu, quel que soit le résultat des nouvelles recherches historiques et le jour qu'elles doivent projeter sur les origines du christianisme, il n'en restera pas moins, pour tout observateur impartial de l'état moral dans lequel se trouvaient alors les nations, cette vérité absolument incontestable, *que le christianisme est inexplicable par l'enchaînement des causes purement humaines et de leurs effets et implique l'intervention immédiate de la cause divine.* »

Ces affirmations sont complétées par ces autres paroles

qui, par une image saisissante, montrent à quelle hauteur céleste la nouvelle doctrine avait élevé l'humanité :

« De l'unité de Dieu découlait l'unité de l'humanité ; élever l'humanité au-dessus des intérêts temporels et des jouissances mondaines qui l'avaient absorbée jusque-là ne se pouvait qu'autant que la divinité, dans son élévation au-dessus du monde, ne fût plus conçue comme purement immanente, mais comme transcendante et supérieure au monde, de manière à donner à l'humanité un point d'appui et une force de résistance nécessaire vis-à-vis de l'ordre extérieur ou temporel. Archimède avait dit : *Donnez-moi un point d'appui hors du monde, et je veux soulever le monde.* Le christianisme fournit dans l'ordre moral ce point d'appui et fut ce levier qui remua le monde, qui souleva tout le terrestre et l'humain vers Dieu. Le centre de gravité était déplacé, toute la direction de la vie changée. »

La même pensée se retrouve dans son tableau des premiers temps du christianisme, où il montre l'homme et le divin fondus au sein du nouveau corps social dont tous les membres ne font qu'un par la communauté de foi et d'amour et où dans l'attente de l'avènement du royaume céleste, la vie d'ici-bas se confond avec celle à venir (1).

Comment des croyances chrétiennes si nettement accusées par la prépondérance qu'il veut assurer à la morale dans toutes les sphères de la vie, par la reconnaissance du côté divin et surhumain de l'établissement du christianisme se réduisent-elles finalement à des

----

(1) Voyez sa généralisation historique et philosophique du Droit dans le *Recueil encyclopédique des sciences juridiques,* par Holtzendorff.

conclusions qui restent en arrière de la foi chrétienne
et qui ne répondent plus aux hautes aspirations vers
Dieu et le divin qu'elle consacre? Ce n'est pas le point
de vue théorique ou métaphysique qui suffit à comprimer l'élan de semblables aspirations, lesquelles concor-
deraient si bien avec les aveux que l'avènement, la vie
et la mort du Christ arrachent à sa rectitude d'esprit. Ce
qui l'arrête ici avant tout, c'est, à notre sens, la négation
d'un fait positif qui doit servir nécessairement de point
de départ à toute conception sur les destinées de
l'homme : je veux parler de la chute, de la mise de
l'homme en rapport direct avec Dieu dès l'origine. N'admettant pas comme vérité historique la déchéance originelle telle que la raconte la Bible, ni la mise en rapport direct de l'homme avec Dieu se manifestant comme
personnalité morale, et posant *à priori* comme unique
loi causale et finale de l'être spirituel la perfectibilité,
il ne peut se représenter la liberté et la raison que dans
leur état d'imperfection native lequel subsiste toujours
plus ou moins en vertu même de cette loi. Rejetant
conséquemment le bien et le mal absolus, il n'admet en
principe qu'une liberté se développant progressivement
avec la raison pour réaliser la loi de perfectibilité qui
régit l'homme tout entier du commencement à la fin, et
même au delà de son existence terrestre. Cette liberté
ne s'exerçant jamais d'une manière absolue, alors que le
terme divin assigné au perfectionnement humain ne
saurait en aucun temps être pleinement atteint, ne peut
par suite accomplir que des actes relatifs ou bornés en
rapport avec la loi même de perfectibilité. Le point de
vue est forcément identique, même dans le cas où
l'auteur ne pourrait s'empêcher d'admettre avec le plus
grand nombre des rationalistes du jour une première

faute, laquelle ne pourrait être alors censée commise par l'homme que dans un rapport avec ses semblables. Cette faute n'est plus alors qu'une suite de l'infirmité de la raison à laquelle répond l'infirmité de la liberté, laquelle n'a d'ailleurs défailli qu'avec cette dernière et dans les limites de l'ordre naturel. La chute n'altère point dès lors l'essence de ces facultés qui sont laissées à l'homme dans leur intégrité pour se relever et rentrer dans l'ordre.

Les vues du système chrétien se séparent ici pleinement des vues rationalistes : La raison et la liberté, dans ce système, ne font qu'un également à l'origine en vertu même de leur état présupposé de perfection et d'harmonie inhérent à l'union naturelle avec Dieu auquel le premier homme reliait la création. Mais après l'épreuve de la tentation et par la chute, il s'est produit, d'après les enseignements théologiques fondés sur la Bible, un dualisme entre l'esprit et le corps qui auparavant ne formait qu'une unité parfaite. L'harmonie de l'être inhérente à l'union avec Dieu une fois détruite, l'homme, d'après les mêmes enseignements, a été atteint, et dans sa raison qui devait être dépendante de Dieu et dans sa liberté qu'il avait reçue pour suivre la raison. Il y a eu, par cela même, un dualisme possible entre la raison et la volonté, répondant à la double fin possible impliquée par la déchéance, laquelle a créé en quelque sorte deux pôles dans la vie, l'aspiration à remonter jusqu'à Dieu ou la tendance de l'homme à s'arrêter à lui-même, lorsqu'il ne descend pas jusqu'à la bête. La volonté qui forme le tout de l'être par son union au corps et par la force causale qui en résulte a pu, par suite, se séparer de la raison qui, comme reflétant la lumière divine, montre simplement le bien et le juste sans donner la force de l'accomplir.

Ce dernier point de vue reste complètement étranger à la doctrine d'Ahrens qui, ne pouvant voir dans la déviation de la liberté qu'un obscurcissement simultané et provisoire de la raison, en trouve le remède dans la loi même de perfectibilité qui doit nécessairement s'accomplir. Dès lors, pas de dualité de but possible, puisqu'elle serait incompatible avec cette loi qui, se réalisant dans les limites du pur ordre naturel d'après le plan soi-disant divin, implique par cela même une fin unique. Cette unité est expressément consacrée par l'auteur dans cette large formule, *l'unité divine des buts naturels*, qui, se combinant avec celle du principe organique par lequel tous ces buts se relient entre eux et s'influencent les uns les autres, forme la clé de voûte de son système.

Nous touchons ici aux conséquences dernières de l'une et l'autre doctrine, et le caractère chrétien ou rationaliste s'y empreint d'une manière encore plus éclatante :

Le chrétien, affirmant la chute originelle de l'homme dans ses rapports avec Dieu et partant son élévation à la vie surnaturelle par le rédempteur, croit à la vie éternelle et infinie dans le Christ et par le Christ. Cette vie éternelle qu'assure l'union au Verbe incarné unit réellement le temps à l'éternité. L'âme est ainsi fixée d'une manière permanente et pour toujours au sortir de cette vie dans son rapport avec l'éternel et l'infini, ne pouvant plus ni déchoir, ni mériter par sa liberté, qui, ayant épuisé ses actes d'option, revêt à son tour un caractère stable.

Comme la plupart des rationalistes, Ahrens nie à la fois la chute et l'élévation à une destinée surnaturelle par l'union au Verbe incarné, à laquelle il substitue un progrès indéfini d'ordre naturel vers Dieu conçu comme terme idéal de toute perfection et par suite éternellement inaccessible. Il rabaisse le plan de la rédemption à des proportions simplement humaines, en n'envisageant le Christ que dans ses rapports avec l'homme en tant que destiné à une union purement naturelle avec Dieu. Une vie successive où la personnalité continuerait à se développer dans l'infinité du temps et de l'espace, retombant dans ses défaillances et s'en relevant tour à tour sous la direction d'une loi de justice providentielle qui fournirait à chaque être créé les moyens d'accomplir sa fin, voilà l'aboutissant de sa doctrine qui, se renfermant ainsi dans les limites de la vie naturelle, reste dans son fond rationaliste.

Ses croyances religieuses devaient se réduire finalement à une profession de foi déiste par cela seul qu'il n'admettait pas la chute et la mise de l'homme en rapport direct avec Dieu à l'origine. Imperfection native de la raison et de la liberté, perfectibilité indéfinie, liberté purement corrélative à la raison, négation du bien et du mal absolus, tout suit de là : peu importe qu'il se soit laissé entraîner outre mesure par les exigences prétendues de la loi organique à laquelle il a cru devoir soumettre le développement du christianisme lui-même au risque d'en dénaturer le caractère divin. Niant la chute, c'est-à-dire la déchéance de l'état d'immortalité et de parfait bonheur naturel dans lequel l'homme avait été créé à l'origine, Ahrens devait demeurer forcément enfermé dans les impasses logiques du rationalisme. Dès l'instant, en effet, que l'homme est censé n'avoir reçu à l'origine qu'une raison imparfaite, et que cet état d'imperfection est nécessairement aussi inhérent à la liberté, instrument ou activité de la raison, tout changement ultérieur dans la nature de ces facultés reste logiquement inconcevable.

Leur imperfection native pourra être diminuée par un fait providentiel destiné à assurer la réalisation de la loi de perfectibilité tel que l'établissement du christianisme; mais elle ne sera point radicalement détruite, la rédemption ne pouvant avoir que des effets bornés et en harmonie avec l'immuable plan divin, lequel aurait fait de la réalisation continue de cette loi la fin même de l'homme.

Ce dernier point de vue, qui ne pouvait être ici qu'effleuré, va être développé dans l'*Essai critique* où nous opposons le dogme catholique au système d'Ahrens et par suite au rationalisme chrétien, en ce qui concerne principalement les fins dernières.

Qu'il nous suffise de dire, pour résumer tout cet ordre d'idées, que l'origine et la fin de l'homme s'impliquent logiquement dans l'une et l'autre doctrine. D'après la première, raison et liberté bornées à l'origine pour répondre à la loi de perfectibilité dont la réalisation serait la seule fin de l'homme; et dès lors impossible d'admettre qu'elles changent de nature plus tard. Elles seront toujours bornées, bien qu'étant et devant être toujours en progrès. D'après la seconde, raison et liberté parfaites à l'origine, raison et liberté parfaites à la fin, une fois les conséquences de la chute complètement détruites par le rédemption.

En cherchant à pénétrer le fond du rationalisme chrétien, ce qui en fait l'essence, nous avons dû, notamment à l'occasion des rapprochements entre cette doctrine et le catholicisme, étudier le rôle respectif de la raison et de la liberté, en tant que leur séparation a été rendue possible depuis la chute. Admettant d'après l'enseignement théologique, ainsi que nous l'avons dit, que par suite de la déchéance un dualisme s'est produit entre l'esprit et le corps de l'homme qui aurait été atteint non seulement dans la raison, mais encore dans sa liberté, nous avons cru que ce dualisme expliquait le désaccord possible entre ces deux facultés, la volonté comme force causale du moi ayant été destinée, dans le plan divin, à relier la vie physique à la vie spirituelle ; nous avons été ainsi amené à faire une part prépondérante à la liberté morale, commencement et terme de notre destinée. Résumant dans l'ensemble de ses actes, par suite même du rôle dominant qu'elle joue dans les opérations intérieures de l'être spirituel, notre unité active d'esprit et de cœur, elle nous paraît former la raison permanente de ce que l'homme est et sera vis-à-vis de Dieu. Cette prépondérance de la liberté dans nos relations avec Dieu aurait-elle été poussée trop loin, de manière à ne pas faire ici à la raison envisagée en soi sa juste part ? L'auteur nous signalait lui-même un semblable danger auquel exposait la mise en opposition du rationalisme chrétien avec le catholicisme. Il était difficile, selon lui, d'éviter dans un tel parallèle le risque de méconnaître ou d'amoindrir le rôle de la raison qui, régissant toutes les opérations de la vie intellectuelle, doit notamment préparer et assurer l'adhésion aux vérités de la foi (1).

(1) Nous faisons ici allusion aux conseils de l'illustre professeur, qui s'exprimait ainsi dans une lettre en date du 10 mars 1874, dont il honora une de nos communications : « La comparaison que vous projetez entre le catholicisme et le rationalisme chrétien à propos de mon cours de droit naturel présentera sans doute beaucoup d'intérêt. Cependant, je vous prierai de ne pas perdre de vue que l'autorité catholique a elle-même toujours maintenu les droits de la raison contre des tentatives sceptiques ou kantiennes de Bautain, et que le père Rozaven disait que c'est par la même raison que nous *croyons*, que nous entendons, *intelligimus*. »

Cette même lettre contenait quelques appréciations au sujet du catholicisme qui méritent d'être rapportées comme dévoilant le plus intime de la pensée religieuse d'Ahrens. — Nous les reproduisons textuellement, telles qu'elles ont

Si, n'échappant pas à ce risque, nous n'avions pas tenu une balance suffisamment exacte entre cette faculté et la liberté, notre excuse serait dans ce sentiment profond qu'aux obscurités insondables de cette dernière, lesquelles proviennent précisément de sa corrélation naturelle avec la raison et de toutes les influences fatales qui peuvent s'exercer sur celle-ci, se joignent d'éblouissantes lueurs qui se projettent sur les mystères de l'autre vie et en font mieux entrevoir la nature. Néanmoins, en ce qui touche toutes les appréciations de notre critique se rattachant à ces mystères, à des questions théologiques telles que celles relatives à la distinction de l'ordre de nature et de l'ordre de grâce et surtout aux relations de l'homme avec Dieu, nous affirmons n'avoir jamais voulu nous écarter de l'orthodoxie. Nous désavouons donc d'avance toute proposition qui serait jugée téméraire et non parfaitement conforme aux enseignements de l'Eglise catholique dans le sein de laquelle vivre est notre gloire et mourir notre ferme espérance.

été écrites : « Quant au catholicisme lui-même, envers lequel j'ai toujours cherché à être juste et dont j'ai pu apprécier plusieurs côtés sous lesquels il est supérieur au protestantisme, je crois voir dans tout ce qui lui est arrivé la volonté de Dieu, qu'il subisse une transformation et que les âmes soient nourries plus substantiellement par le fond religieux et moral que par des formes d'hiérarchie ou d'absolutisme. Je déteste tous les matérialistes, voltairiens, straussistes, et tout ce Babel que nous avons aussi en Allemagne ; mais je conserve l'espérance que Dieu aidera pour raviver les vrais sentiments religieux et moraux qui sont aussi la source des vrais sentiments d'humanité dans lesquels les hommes et les peuples ont grandement besoin de se retremper. »

ESSAI CRITIQUE

SUR LES

DOCTRINES PHILOSOPHIQUES, SOCIALES ET RELIGIEUSES DE HENRI AHRENS

ENVISAGÉES SURTOUT

DANS LEUR RAPPORT AVEC LE DOGME CHRÉTIEN

CHAPITRE PREMIER.

COUP D'ŒIL GÉNÉRAL SUR LA DOCTRINE D'AHRENS.

C'est principalement en Allemagne que la philosophie dans ces derniers temps, ayant analysé plus profondément le principe organique qui régit la vie physique, a cru pouvoir en étendre l'application au monde spirituel et moral. En se rattachant exclusivement à l'école de Schelling, qui tenta le plus hardiment cette application, elle était exposée à trop assimiler l'organisme du monde moral régi par la loi de liberté à l'organisme du monde naturel régi par la loi de nécessité. Une salutaire réaction fut ici due à l'influence permanente des écoles soit de Kant et de Fichte si favorables aux idées libérales, soit de Leibnitz dont le puissant spiritualisme avait contribué et pouvait encore contribuer à fournir au droit des éléments inépuisables de vie. Un des chefs incontestés de cette réaction, renfermée néanmoins dans les plus prudentes limites, a été l'éminent professeur allemand M. Ahrens, dont les œuvres et entre autres le cours de droit naturel ont eu en France une grande vogue.

Tout en concevant sur la plus large échelle l'application du principe organique à toutes les branches du droit, cet illustre savant s'est attaché à montrer toute la fécondité de l'union de la science juridique à la morale, cherchant à asseoir cette union sur des bases inébranlables.

La doctrine de M. Ahrens, qui, se retranchant dans le plus habile éclectisme, s'efforce, sans sacrifier en rien le principe organique, de le concilier avec le spiritualisme le plus exigent, n'est au fond qu'une heureuse combinaison des théories de Leibniz, de Kant et de Schelling. A la première, elle emprunte l'idée de bien, comme étant l'objet proprement dit ou le contenu du droit; à la seconde, l'absolu de la personnalité qui doit aller jusqu'à l'union avec Dieu; à la troisième, enfin, toute l'efficacité du principe organique conçu dans sa plus haute portée, dans sa plus large extension (1). Elle aspire ainsi à tirer du rapprochement entre ces trois grands systèmes une plus large synthèse philosophique du droit. En s'appliquant aux diverses branches de la science juridique, elle maintient leur intime corrélation avec le bien objectif, c'est-à-dire avec le bien matériel de même qu'avec la moralité subjective, c'est-à-dire avec le bien moral. Faisant ainsi une part en quelque sorte égale à l'élément utilitaire et à l'élément moral, elle rattache le droit aussi intimément à l'économie politique qu'à l'éthique. Sous ce rapport on peut dire qu'elle saisit la vie humaine sous toutes ses faces, employant tous les leviers, et les dirigeant avec ensemble en vue d'établir une plus grande harmonie dans le fonctionnement du corps social. Elle tient ainsi compte des tendances diverses de la société en les équilibrant et assurant le respect de tous les intérêts, en même temps qu'elle ouvre un vaste champ où toutes les opinions sont appelées à se mesurer; mais par cela même qu'elle n'a rien de bien tranchant et comporte une certaine indécision dans ses affirmations et solutions, s'éloignant de

(1) La voie lui avait été ouverte ici par Krause, son illustre devancier et fondateur de l'école éclectique allemande, dont l'auteur n'a cessé d'être un fervent adepte. Il a été le plus puissant vulgarisateur des doctrines de cette école, qu'il s'est attaché à répandre en Allemagne et surtout dans notre pays.

l'inflexibilité du dogme chrétien et se rapprochant du panthéisme dont elle ne se sépare que par l'admission abstraite d'un Dieu personnel, elle ne saurait élever au fond une forte digue contre l'envahissement des doctrines subversives. Impuissante à combattre efficacement le naturalisme moderne, elle lui facilite plutôt la voie, en montrant comme aboutissant sa conciliation finale avec le spiritualisme. Acceptant tous les cultes et excluant le transcendantalisme de la révélation, l'ordre vraiment surnaturel, elle aboutit à ce qu'on appelle le déisme philosophique chrétien, de sa nature vague, indéfini, et dont la science naturelle et la libre pensée espèrent avoir raison dans un prochain avenir. Par suite, ne pouvant arrêter l'anarchie des croyances, elle est incapable, faute d'un point d'appui supérieur, de fournir des bases immuables pour la reconstitution de l'ordre social. En voulant mener l'homme à Dieu uniquement par la raison et repoussant le secours des enseignements de la Révélation, elle brise les liens qui rattachaient la morale et conséquemment aussi le droit au dogme religieux. Par cela même, elle supprime les véritables limites entre l'ordre moral essentiellement relatif qui se réfère à la destinée temporelle de l'homme et l'ordre moral religieux ou absolu qui, étendant son domaine au delà des horizons terrestres, marque comme but à la vie humaine la réalisation du parfait, du pur divin. Après avoir reconnu à l'Etat le pouvoir d'exercer sa tutelle sur les sphères de la vie sociale, elle aboutit à en proclamer l'omnipotence. Le rôle de celui-ci ne se borne plus finalement à la protection extérieure du droit, au maintien de l'ordre et de la sécurité, mais consiste plutôt à régler et harmoniser tous les rapports de la vie. En ce sens, elle légitime les empiètements de l'ordre temporel sur l'ordre moral supérieur, consacre les tendances du premier à réduire le second à son niveau, à mettre notamment la religion sur la même ligne que la science et l'art, et à les englober indistinctement dans l'ordre civil et politique.

En somme, le système d'Ahrens nous apparaît comme le plus vaste essai de conciliation qui ait été tenté entre les doctrines opposées. Métaphysique et positivisme, spiritualisme et matérialisme y trouvent chacun leur compte. Il donne satisfaction aux tendances les plus divergentes de l'esprit humain, comme aussi cherche à répondre à tous les besoins du corps social en établissant une harmonie plus réelle dans le fonctionnement de ce corps. Il paraît offrir par là un remède à l'anarchie morale et intellectuelle, et en travaillant à amener la réconciliation des esprits, il peut rendre de véritables services aux sociétés si troublées de nos jours. Sous ce rapport, ce système mérite, plus que tout autre, d'être sérieusement étudié dans son ensemble et dans l'enchaînement logique de ses parties. Il appelle les méditations du penseur et de l'homme d'Etat, offre au moraliste et au chrétien de nombreux points de comparaison avec les enseignements de la Révélation, et, par les applications fécondes du principe organique, fournit au juriste et à l'historien des lumières propres à jeter un nouveau jour sur des problèmes restés jusqu'ici sans solution. Aussi une critique approfondie de ce système, au point de vue philosophique et religieux, peut-elle sembler plus que jamais opportune. Elle permettra de démontrer que les grandeurs et les harmonies du dogme chrétien proprement dit sont supérieures à celles de ce déisme philosophique, autrement dit du rationalisme chrétien qui fait le fond des doctrines d'Ahrens. Mais pour mieux atteindre ce but, nous devons préalablement remonter jusqu'aux sources de la doctrine pour en suivre plus sûrement le développement logique et progressif, et, partant, commencer par l'examen de l'école de Krause.

CHAPITRE II

EXPOSITION ET APPRÉCIATION SUCCINCTE DE LA DOCTRINE DE KRAUSE (1).

Nous ne mettrons ici en relief que la partie originale de ce
système : c'est celle que nous pouvons appeler métaphysique
et qui projette la lumière sur toutes les applications du principe
organique dont Krause fait la loi suprême de l'être. Il le rattache
en effet à l'essence même de la cause première, où se consom-
merait l'union à l'infini de deux éléments opposés de manière à
se fondre en une seule substance qui serait la totalité absolue.
La nature en effet est mise par ce philosophe en opposition avec
l'esprit, et il en faut chercher la conciliation en Dieu, être infiniment absolu et absolument infini, principe à la fois de l'une et
de l'autre. La manière dont cette conciliation s'opère se déduit
du caractère même assigné à la nature, où tout est dans un enchaînement rigoureux, dans une continuité nécessaire, tandis
que l'esprit est par essence doué de spontanéité et de liberté,
capable par conséquent de commencer une série d'actes qui
n'ont pas leur raison dans ceux qui précèdent. Krause fait ressortir par plusieurs exemples ce caractère de continuité et de
détermination entière de toutes les parties dans leur ensemble
qui est le véritable caractère organique par opposition au caractère de l'esprit qui n'obéit qu'à sa propre impulsion. Introduisant la notion d'absolu dans ce qu'il appelle la totalité de la
nature finie mais qui implique une totalité supérieure et infinie,
et dans la spontanéité également finie, mais qui peut être portée

(1) Cette exposition est empruntée, en partie, à un savant mémoire inséré
dans le *Recueil de l'Académie des sciences morales et politiques* (année 1860).

à l'infini, il unit ce double opposé, dont la coexistence ne saurait autrement s'expliquer, dans un terme supérieur, en Dieu qui les contient l'un et l'autre. Il est vrai qu'il n'en fait pas moins de Dieu, unité absolue, substantielle, inconditionnelle, une personnalité distincte et ayant conscience d'elle-même : mais ne peut-on pas dire ici qu'il introduit dans l'idée de Dieu une sorte de nécessité qui porte atteinte à sa souveraine liberté, et qu'en même temps il obscurcit l'acte par excellence de cette liberté, la création ? D'ailleurs, la raison de l'homme n'est-elle pas ainsi tenue à une distance à jamais infranchissable de Dieu ? n'est-elle pas amenée à parcourir une série inépuisable de degrés d'ascension, dans une fatale impuissance à s'élever pleinement à la notion d'infini et de cause absolue ?

Quoi qu'il en soit, le système de Krause ne pèche-t-il pas par sa base ? Pour admettre sa distinction entre la continuité, propriété exclusive de la nature, et la spontanéité, propriété exclusive de l'esprit, il faudrait que la spontanéité en elle-même et à tous ses degrés fût bannie du domaine de la nature organique. Mais la vie peut-elle se concevoir d'une manière purement mécanique et en dehors de cette fonction du mouvement spontané, laquelle est le propre de l'être vivant et qui s'accomplit sous des formes de plus en plus distinctes et supérieures à mesure qu'on monte dans l'échelle organique ?

D'un autre côté, la spontanéité ou ce que Leibniz appelait l'activité de la force et de la monade, n'est-elle pas soumise à la loi de continuité, en ce sens que tous ses actes, tous ses états successifs forment une chaîne continue où chaque état présent a sa racine dans l'état antérieur, et que la force renferme en elle dès l'origine toute la suite de ses développements.

Krause fait ressortir avant tout le caractère harmonique qui se reflète dans l'organisation physique de l'homme appelé à réunir dans un type supérieur d'équilibre les fonctions et organes dont les diverses classes du règne animal manifestent le développement graduel et avec une prédominance de certains organes sur d'autres. Ce caractère de continuité et de totalité qu'il a assigné à la nature, il en trouve la vérification dans le règne animal, où aucune espèce ne réalise complètement le principe de vie et d'organisation, celle-ci n'étant toujours qu'une fraction d'un tout ou d'une unité supérieure qui n'existe pas dans le règne animal lui-même, mais en dehors et au-dessus de ce règne. Il en déduit que l'homme dans le règne animal n'est pas comme un ordre supérieur, mais qu'il forme un règne distinct, le règne hominal.

Cette déduction parait forcée en tant qu'elle se fonderait uniquement sur ce que l'homme réunit en lui toutes les perfections distribuées séparément aux diverses classes de l'animalité. L'homme serait-il autre chose que le couronnement de celle-ci, s'il ne s'en séparait par un trait radicalement distinct, par sa nature libre et raisonnable ? Si les animaux n'étaient, pour me servir de l'image d'Ahrens expliquant le système de Krause, que les rayons épars de cette lumière qui, dans son unité, se manifeste dans l'homme pour être de nouveau répandue par lui sur toutes les parties du monde, on ne voit pas en quoi le chaînon serait brisé ; il n'y aurait rien qualitativement en l'homme de plus que dans l'animal.

L'homme, au fond, est plus que le résumé et la conclusion de la création, que le microcosme ou reflet en petit de l'univers, ainsi que l'appelait Aristote. Il est le lien entre la création et Dieu. Il rapporte la création à Dieu en tant qu'il est doué d'une âme raisonnable, de la pensée réfléchie, consciente, et d'une volonté libre. Par ce côté il est rendu capable de rapports avec Dieu et séparé par un abîme infini de l'animalité.

CHAPITRE III

CONFORMITÉ DU SYSTÈME DE AHRENS A CELUI DE KRAUSE. — EN QUOI
CONSISTE L'ORIGINALITÉ D'AHRENS ET L'EXTENSION par lui DONNÉE
AU PRINCIPE ORGANIQUE.

On peut se demander d'abord comment Ahrens, qui paraît
sincèrement admettre la personnalité de Dieu, a pu se rallier à
un système qui la met en péril ou du moins la rend si peu ex-
plicable ? Krause ayant mis en Dieu, dans une compénétration
absolue, le matériel et l'immatériel, des attributs en qui tout
est, n'avait pu pleinement démontrer leur conciliation avec ceux
de la personne libre. Sa doctrine, qu'on a qualifiée de panen-
théisme, pour la distinguer de tous les panthéismes connus
avant lui, trouvait encore un autre écueil : c'était la difficulté,
tout en assurant aux êtres réels un principe d'individuation,
d'admettre en l'homme une vraie liberté. Il accorde sans doute
une sorte d'existence absolue aux êtres individuels ; mais la
liberté reste pour lui un problème rationnellement insoluble. Il
demeure impuissant à expliquer la coexistence de l'être universel et des essences particulières éternelles. Aussi, ne peut-il
admettre le caractère absolu de l'individualité et de la liberté
humaine, lequel seul impliquerait leur prolongation dans des
vies successives ; et cependant il croit échapper à l'illogisme en
les mettant sous la dépendance éternelle de la liberté divine,
ne comprenant pas le principe d'individuation inhérent à la
vie hors de cette dépendance et de l'unité en Dieu.

Son disciple, qui n'a pas cherché à résoudre ici les questions
ardues se rattachant à la liberté divine et humaine, paraît avoir
vu dans ce nouveau dualisme qui se résout en unité en vertu

de la loi même de l'être, laquelle se reproduit comme principe organique, du premier à tous les degrés successifs de l'existence, le plus haut point que l'intelligence humaine puisse atteindre. La dépendance absolue du tout des parties et des parties du tout, c'est là, selon lui, une notion irréductible, primordiale, la formule magique qui explique l'univers. Son engouement pour cette métaphysique, qui devait, soi-disant, faire oublier tous les anciens systèmes, et qui rapprochée de ceux de Schelling, de Fichte et d'Hegel constituerait une sorte d'éclectisme, n'est comparable qu'à celui qu'a suscité le fondateur de l'école éclectique française. Il y avait d'ailleurs une singulière analogie entre « *le Dieu infini et fini tout ensemble ; triple enfin, c'est-à-dire à la fois Dieu, nature et humanité,* » tel que l'admettait à l'origine l'illustre Cousin, et « *l'être absolu ou infini de Krause, qui est la substance une et entière, la totalité complète, tandis que le fini n'en serait qu'une expression partielle. Si Dieu n'est pas tout, il n'est rien,* » ajoutait le philosophe français. Il existe, disait le savant allemand, « *entre l'être absolu et les êtres finis les mêmes rapports qu'entre le tout et sas parties ; de telle sorte que chaque être fini est une partie de l'être infini, une totalité partielle, c'est-à-dire une partie de la totalité complète et absolue.* » Cette parité au fond de langage valut à l'un et à l'autre les mêmes bruyants retentissements. — La seule différence, c'est que Krause réussit à faire admettre ses affirmations concomitantes sur la liberté et la personnalité de Dieu, qui juraient avec sa formule panthéiste, tandis que celles analogues de Cousin soulevèrent les protestations les plus accentuées. Le bon sens français répugnait d'une manière invincible à concilier la liberté et la personnalité divine avec le dogme de la création coéternelle à Dieu, fondement de l'éclectisme.

Quoi qu'il en soit, Ahrens s'attachant avant tout au côté positif de la nouvelle philosophie éclectique, qui ne devait retenir d'après lui des spéculations de sa devancière que ce qui pouvait servir à sa propre justification, considère Krause comme le fondateur de la vraie méthode scientifique pour avoir appuyé la sienne sur les principes immuables de l'ontologie et de la psychologie. « Après Schelling et ses disciples, » ajoute-t-il, « la méthode spéculative devait être remplacée par une autre, la seule qui mérite ce nom, par la méthode psychologique et analytique. C'est cette dernière, établie par Krause, qui constitue une marche progressive à partir de la première certitude qui réside pour l'esprit dans la conscience du moi propre, et, en passant par toutes les idées inférieures et intermédiaires, atteint jusqu'à la notion certaine de l'existence de Dieu. » Dans un autre passage, où il montre la méthode de Krause constituée sur les bases de l'ontologie et de la psychologie comme représentant le dernier développement de la philosophie en Allemagne, il va jusqu'à affirmer qu'elle seule offre le moyen de passer de la psychologie à la métaphysique, et ouvre la voie qui mène à la connaissance rationnelle de Dieu. Mais comment s'effectue ce passage? La pauvreté du système ne paraît point ici répondre aux ambitieuses visées qu'on lui prête. Un certain nombre d'idées générales et abstraites dites [catégories ne s'appliquant elles-mêmes à aucun être déterminé, telles que celles de l'être, du fini et de l'infini, du conditionnel et de l'absolu, du possible et de l'impossible, de la cause et de la raison efficiente, voilà les lois fondamentales de l'entendement dont l'analyse constitue la méthode psychologique et logique. Elles fournissent ce levier qui, selon Ahrens, doit soulever l'âme jusqu'à la connaissance de l'existence de Dieu.

L'idee première et génératrice de toutes les autres est la catégorie de l'être qui n'est que l'idée abstraite d'être en général. A la notion générale d'être se rattache celle d'essence comme la partie au tout; et de ces deux notions les plus élevées, Ahrens fait ensuite dériver les autres catégories, l'unité, l'identité, la substantialité et la totalité. L'être abstrait qu'il a pris pour point de départ devient ainsi l'être absolu, universel, unique, embrassant dans son vaste sein tout ce qui existe. Mais en vérité, où est la hardiesse et l'originalite de semblables spéculations? Cette alliance entre l'ontologie et la psychologie qui en est le fond n'offre rien de bien nouveau. Elles se rapprochent singulièrement de la théorie de l'unité et de l'identité absolues de Schelling, du panthéisme logique même d'Hegel.

Ahrens n'a pu se dissimuler les côtés faibles du système envisagé du point de vue de la métaphysique. Aussi se contente-t-il d'affirmations nettes sur la personnalité, la liberté de Dieu et de l'homme, sans chercher à fournir de ces vérités premières une justification pleinement logique. L'essentiel pour lui, c'est d'avoir conquis dans le principe organique dont la richesse et la fécondité lui paraissent inépuisables, la véritable clé de la formation de l'univers, que dis-je de toute existence. Une philosophie qui puisse s'y adapter, voilà, à ses yeux, la meilleure, et c'est, à notre sens, l'explication la plus plausible de ses préférences pour celle de Krause.

A ne considérer que le point de vue philosophique ou métaphysique proprement dit, la doctrine d'Ahrens est absolument conforme à celle de Krause. Comme ce dernier, il adopte pleinement sa distinction entre la continuité, propriété exclusive de la nature, et la spontanéité, propriété exclusive de l'esprit. Restreint-il à l'être pensant celle-ci, laquelle consisterait alors dans la liberté proprement dite? L'auteur ne se prononce pas clairement à cet égard; mais il paraît au fond, à l'instar du maître, considérer cette faculté dans l'homme comme le suprême développement de la loi da spontanéité, laquelle est le propre de l'être vivant, tendant à l'accomplissement de sa fin, et se réalise sous des formes de plus en plus distinctes et parfaites à mesure qu'on monte dans l'échelle organique. Ce qui rend cette supposition d'autant plus plausible, c'est qu'il ne fait pas de cet attribut de liberté, le caractère exclusif de Dieu, de l'être par soi, lequel a imprimé son sceau sur l'homme en lui conférant la liberté, le *pouvoir en quelque sorte de se faire ce qu'il est*. Certaines expressions empruntées à Krause, et qui se retrouvent dans son ouvrage, peuvent aussi faire supposer qu'il partage l'opinion de ce philosophe à l'endroit de la réunion en Dieu, à leur terme extrême des deux éléments opposés de nécessité et de liberté, ce qui dénature la notion de liberté en y introduisant un élément absolument étranger. La nature et l'esprit obéissent à la même loi, à la loi de la sagesse divine : la première, d'une manière forcée, nécessaire, le second volontairement et librement, et avec pleine connaissance de cette loi. Ils n'existent pas en dehors de Dieu, mais en Dieu et pour Dieu. Il n'y a donc pas à chercher de terme de conciliation entre eux.

Cette opposition radicale qu'Ahrens essaie de maintenir entre la nature et l'esprit s'affaiblit d'ailleurs singulièrement dans son système, alors qu'il veut retrouver dans la vie intellectuelle et morale de l'homme le caractère harmonique qui se reflète dans l'organisation physique de celui-ci. C'est ici précisément qu'éclate son originalité : Ahrens a appliqué d'une manière peut-être encore plus rigoureuse que Krause, et dans un plus vaste cadre, le principe organique au gouvernement des facultés intérieures de l'homme et partant du monde moral et social. Ce principe, qui se résout dans la loi déjà analysée de continuité et de nécessité, il le fait prévaloir dans l'ordre spirituel et moral. Il assimile en quelque sorte cet ordre à l'ordre physique dans lequel tous les domaines de l'existence sont, par des lois nécessaires, liés les uns avec les autres, de telle sorte qu'ils se complètent réciproquement, que les règnes végétal et animal présupposent par exemple le règne inorganique, trouvent leurs conditions d'existence et d'accroissement l'un dans l'autre.

En ce sens, il représente toute la vie humaine, depuis la personne individuelle jusqu'à la vie collective des peuples comme un organisme dans lequel chaque partie, tout en ayant une vie propre, doit se maintenir dans de justes rapports de coexistence avec toutes les autres parties, et se développer avec elle par un échange réciproque de services et d'influences bienfaisantes.

Cette assimilation de l'ordre spirituel et moral à l'ordre physique n'exclut pas le progrès qu'implique la réalisation de plus en plus parfaite, par le premier, de l'harmonie que Dieu a fondée éternellement dans le second. Ahrens emprunte ici à Krause une formule un peu abstraite, mais qui répond assez bien à la détermination de la destinée progressive de l'homme : « La progression qui existe dans la création des êtres se remarque également dans les buts auxquels ils sont destinés. L'homme, l'être le plus élevé dans lequel se concentrent toutes les perfections distribuées aux divers genres de créatures, remplit aussi une mission d'union et d'harmonisation dans tous les ordres de l'univers... Si la vie des êtres animés peut être représentée par une succession de sphères de plus en plus vastes, celle de l'homme enlace et domine toutes les autres. Dans cet enchaînement universel de la vie de tous les êtres, il est une loi qui veut que tous étant bornés et dépendants, s'approprient du milieu où ils vivent les moyens nécessaires pour l'accomplissement du but de leur existence. L'homme qui poursuit le but le plus étendu possède aussi la plus vaste faculté d'appropriation et d'assimilation. » Dans le cadre de cette formule, Ahrens n'a fait entrer que les données générales de l'anthropologie ; mais, pour bien en comprendre toute la portée et la saisir dans son extension, il faut la rapprocher de ses idées particulières sur la nature de l'homme.

CHAPITRE IV.

IDÉES D'AHRENS SUR LA NATURE DE L'HOMME (1).

L'homme, pour Ahrens, qui partage ici l'opinion générale, se résout dans l'union de l'âme et du corps. Mais comment s'opère cette union? sur ce point, qui a exercé les plus grandes intelligences, ce philosophe a proposé une solution qui ne manque pas d'originalité. Se fondant sur l'état de connaissance purement corporelle qui accompagnerait le passage de la veille au sommeil, il admet une sorte d'intermédiaire entre l'âme raisonnable et la vie corporelle qu'il appelle âme corporelle ou vitale. Il lui donne la même nature immatérielle qu'à l'âme raisonnable et la doue de certaines facultés particulières, telles que la sensibilité. Il ne fait pas de celle-ci une faculté de l'âme spirituelle et pensante, mais bien plutôt une propriété de la force vitale immatérielle qui organise le corps au travers de laquelle s'opèrent les perceptions et qui procure ainsi au corps une certaine connaissance de lui-même et de ses états. Cette force, identique par sa nature à celle de l'âme, sensitive et organisatrice, serait le lien entre l'esprit et le corps. Les termes du problème paraissent ainsi bien simplifiés, puisqu'il ne s'agit plus de concevoir l'action d'une fonction de l'esprit sur le corps ou sur la matière, mais sur une fonction ou force animique du corps de même nature, qui elle aussi est une âme. Une semblable solution dédouble la vie qui en apparence ne semble pas pouvoir réunir ces deux termes opposés, l'âme substance simple et le corps substance composée. Elle attribue à l'âme corporelle une causalité propre, de telle sorte que l'unité

(1) Voyez son *Cours de philosophie*, fait à Paris, en 1834, t. II.

de l'homme se trouverait ainsi brisée. Nous verrons plus loin comment cette solution a pu, jusqu'à un certain point, influer sur la théorie sociale de l'auteur et sur sa manière d'entendre le rôle du droit et de l'Etat.

La doctrine qui comprend sous son caractère absolu l'indivisibilité de l'âme et du corps, en ce sens que le corps vit par l'âme, que l'âme est sa forme, son principe animateur et déterminateur, doctrine conforme à la tradition de l'antiquité et adoptée par les Pères de l'Eglise, nous paraît aussi le mieux expliquer la nature humaine et l'ensemble des phénomènes et évolutions de la vie. Bien qu'elle n'aille pas jusqu'à faire du corps l'instrument et le serviteur de l'esprit, et ne cadre pas complètement avec la définition qu'un certain spiritualisme exagéré donne de l'homme, « un esprit servi par des organes, » elle ne porte aucune atteinte à la liberté morale de l'homme. Elle vient plutôt ajouter une nouvelle force à cette liberté, et permet d'expliquer d'une manière plus conforme à la réalité le mode de développement de l'être spirituel et moral.

Les auteurs qui résistent à cette doctrine se fondent sur ce que l'âme étant essentiellement consciente d'elle-même ne saurait se concevoir qu'à cet état ; d'où ils concluent que l'âme, cause des phénomènes de la vie, devrait nécessairement en avoir conscience. Ils oublient, suivant l'observation très juste de M. Bouillier, les faits inconscients de l'âme pensante et les faits vitaux perçus cependant par la conscience. D'ailleurs l'âme spirituelle est-elle dès son union au corps consciente d'elle-même ? On a remarqué depuis longtemps que l'âme existe avant de se savoir existante et que la conscience, le moi proprement dit, sortait pour ainsi dire de l'inconscience.

Cette confusion de l'âme avec le moi qui n'est autre que l'âme consciente ayant le sentiment de son existence est heureusement evitée par Ahrens qui, en dédoublant l'âme, admet une espèce de double conscience, la conscience du corps, lequel est, pour me servir de ses expressions, *sui juris*, ayant une vie à lui, pour lui dont il a directement connaissance, et la conscience de l'âme.

Cette dernière, comme il le fait très bien remarquer, ne naît qu'avec la raison, laquelle, comme une lumière qui pénètre en nous, fait éclore le germe du moi. « *La raison,* » dit-il, « *est l'or-*

gane de Dieu dans l'esprit ; c'est un rayon de la lumière de l'être infini, absolu. » La raison devient dès lors, selon lui, « *la vie de l'âme, des autres facultés auxquelles elle s'unit et qu'elle élève en quelque sorte à la deuxième puissance, devenant cause de ce que toutes nos pensées, nos sentiments et nos volontés peuvent se réfléchir dans la lumière de la conscience.* » L'acte du moi, de notre âme qui prend possession d'elle-même, l'acte de conscience, en un mot, est comme une illumination engendrant en l'homme une nouvelle existence, *reduplicatio existentiæ*, suivant le langage énergique de Leibniz.

Dans ce sens, l'homme ne saurait avoir conscience de lui-même sans affirmer son être, et, du même coup, l'être divin. Sans doute, Ahrens paraît attribuer cette portée supérieure à l'acte de conscience engendré par la raison elle-même et concomitant avec elle. Néanmoins, le rôle qu'il assigne à la raison ne nous paraît pas, dans toute la force du mot, ce *fiat lux* qui illumine tout l'être et engendre en lui, dans une sorte de ravissement, cette double affirmation : *Je suis, Dieu est.* Il semble qu'il veut restreindre ce rôle ; car à ces paroles déjà citées : « *La raison est un rayon de la lumière de l'être infini, absolu,* » il ajoute : « *Elle révèle à l'esprit fini la lumière des principes de l'infini, de l'absolu, de l'ordre de l'harmonie.* » Ce rôle jusqu'à un certain point diminué de la raison paraît se réfléchir dans sa définition de l'esprit qui réunit deux éléments : « *Un principe divin, rayon de l'être divin, absolu, et un élément individuel par lequel l'esprit appartient à l'ordre fini et conditionnel des choses.* » L'esprit n'appartient pas, par sa nature, à cet ordre fini et conditionnel ; il n'y appartient qu'en tant qu'il est uni au corps. C'est là une distinction que ne fait pas Ahrens, et dont le défaut rejaillira plus tard sur sa détermination finale des destinées de l'homme. Cette union du double élément fini et infini nous semble au contraire s'appliquer à bon droit à la personnalité, qui peut être définie « l'union d'existence et de conscience de ces deux éléments. » En sens inverse, il nous paraît agrandir le rôle de la raison aux dépens du rôle de la conscience, forme générale de toutes nos facultés, et sans laquelle leur exercice ne se concevrait, quand il fait de la première non une faculté à part, mais la deuxième puissance des autres facultés. — Pour

bien comprendre sa pensée à cet égard, il est nécessaire de pénétrer plus avant avec lui dans l'étude des facultés de l'âme et
des opérations intérieures de notre être.

CHAPITRE V.

DU RÔLE SUPÉRIEUR QU'AHRENS ASSIGNE A LA RAISON DANS LE JEU
DES DIVERSES FACULTÉS (1).

L'auteur admet, en principe, que le caractère harmonique qui se reflète dans l'organisation physique de l'homme distingue aussi sa vie intellectuelle et morale. Mais il ne définit pas ce rapport harmonique qui doit subsister entre les diverses facultés. Il se borne à analyser les degrés par lesquels les trois facultés de notre être, l'intelligence, le sentiment et la volonté, peuvent passer avant d'arriver à la plénitude de leur action, à la raison. Ces degrés, qu'il appelle *la sensibilité et la réflexion*, aboutissant à un troisième, la raison, sont-ils uniquement la progression du jeu même de nos facultés, en ce sens que ni notre intelligence, ni notre sentiment, ni notre volonté n'arrivent à la raison de plain-pied et sans avoir parcouru ces étapes, ou bien peuvent-ils être aussi considérés comme des points d'arrêt ou de recul? L'auteur ne s'exprime pas clairement à cet égard : il est permis néanmoins de supposer qu'il a d'abord voulu parler de l'état de l'enfant qui passe par la sensibilité et la réflexion avant d'arriver à la raison. Mais une fois que l'homme a atteint l'âge où il prend possession de lui-même dans sa conscience et par la raison, qu'il est devenu libre et responsable de ses actions, il n'est pas impossible, on peut le reconnaître avec Ahrens, qu'il déchoie par sa faute et rétrograde, qu'il descende même jusqu'à un état de pure sensibilité; mais il ne peut détruire sa raison pas plus que sa liberté, et lors

____

(1) Voyez, sur ce point, le chapitre de son livre *De la nature de l'homme.*

même qu'il tomberait de plus en plus bas jusqu'à se ravaler presque au niveau de l'animal, il est susceptible encore de se relever par cela même que la voix de la raison, qu'il cherchera vainement à étouffer, peut encore se faire entendre.

En insistant sur le rôle supérieur de la raison qui élève toutes nos autres facultés au degré suprême de leur action où elles se rapportent à ce qui est infini et absolu, l'auteur laisse peut-être trop dans l'ombre sa fonction plus modeste de jugement, de discernement s'appliquant à tout acte, et qu'elle ne cesse de remplir au fond de la conscience, de telle sorte que l'homme ne saurait se recueillir véritablement sans entendre la voix de ce secret censeur. Il trouve en lui-même un juge permanent de sa conduite.

Ahrens paraît admettre que la raison peut varier en tout homme. Ce n'est pas évidemment qu'elle soit différente en elle-même : comme rayon de la raison divine, elle éclaire également, suivant les paroles de l'Evangéliste, tout homme venant en ce monde ; mais en tant qu'elle s'unit à nos autres facultés, à l'intelligence et au sentiment, pour en régler et diriger l'exercice, elle perd en partie son caractère impersonnel et présente des différences qui correspondent justement aux degrés divers de ces facultés. C'est là ce que ne fait pas ressortir Ahrens, qui se borne à dire « *qu'en s'unissant avec l'esprit fini, la raison devient une fonction susceptible d'altération et de fausse direction ou sujette à l'erreur.* Il ne distingue pas ici la fonction propre de la raison, qui, en réalisant l'unité de conscience du moi, constitue une fonction de direction et partant aussi de jugement des opérations de notre être intérieur et des actes de notre volonté d'avec celle qui est en quelque sorte d'une nature mixte et provient de son union à l'intelligence et au sentiment. Cette dernière se proportionne nécessairement alors, dans son action, au degré de l'intelligence et du sentiment. Il concentre purement dans la raison l'unité des facultés ; l'unité du moi pensant, sentant, voulant, qui se reflète dans la conscience ; mais cette unité est plutôt fournie par celle-ci, au moyen de laquelle je m'appartiens à moi-même, je m'affirme réellement en tant qu'être propre et personnel. Il suffit d'admettre qu'en égard à l'indivisibilité et au rapport harmonique existant entre la conscience et la raison, cette dernière forme vraiment la condition de fonctionnement des facultés, notamment de la volonté libre, la liberté ne se comprenant pas si l'homme ne se possède pas lui-même et ne peut se diriger par la raison. C'est en ce sens seulement qu'on peut reconnaître, avec l'auteur, que la raison n'est pas, à proprement parler, une faculté *sui generis*. Mais il nous paraît inexact de dire qu'elle est la deuxième puissance des facultés, comme si, en s'ajoutant à l'intelligence, au sentiment, à la volonté, elle pouvait en augmenter plus ou moins l'énergie d'action.

Son rôle se réduit à être la régulatrice des opérations intérieures de nos facultés et à en assurer le jeu normal, de telle sorte que si ces facultés sont troublées, c'est que la raison est troublée elle-même et que l'homme a perdu aussi en même temps plus ou moins conscience de lui-même.

Quoi qu'il en soit, Ahrens fait de la raison le principe et la fin de toute l'activité. Sa pensée complexe, qui ressort ici plus clairement de la coordination logique de divers passages de son *Cours de droit naturel*, peut se résumer ainsi : « *La raison, qui unit éternellement les hommes entre eux et avec l'être suprême pour tous les biens de la vie, est la source d'un système infini de besoins de biens et de buts pour l'homme, la cause de la perfectibilité infinie de toutes les facultés de l'esprit.* » En quoi consiste cette perfectibilité ? « *A embrasser par les principes infinis tout le domaine fini des choses et de leurs rapports, tout ce qui est donné dans les divers ordres de l'existence ou genres de biens ordonnés entre eux, lesquels ont leur source en Dieu qui est le bien suprême, parce qu'il renferme en unité et plénitude infinie tout l'être, toute l'essence à laquelle ils participent à des degrés différents... Les divers ordres de l'existence offrent ainsi une matière inépuisable à nos facultés, un but à la fois divin et humain à réaliser, but qui ne saurait s'accomplir pleinement dans cette vie ni dans une succession quelconque de vies.* Réaliser de plus en plus la coordination parfaite de toute la vie individuelle et sociale, et reproduire autant que possible dans tous les domaines de l'ordre moral les lois de l'harmonie universelle, voilà la tâche progressive et finale imposée à la raison; et, par suite, c'est aussi dans ce cercle que doit se mouvoir la liberté, qui, n'étant que l'activité de la raison, ne saurait avoir d'autre objet qu'elle.

Le rôle supérieur appartient donc exclusivement à la raison, à qui l'auteur fait aboutir tout l'ordre moral et spirituel. Ce point de vue dominant et qui donne la clé de tout le système ressortira encore davantage de la comparaison entre la doctrine rationaliste et le dogme chrétien, en ce qui touche la part à faire à la liberté dans la constitution morale de notre être et dans l'accomplissement de ses destinées.

CHAPITRE VI.

LA LIBERTÉ. — SON RÔLE DANS L'ORDRE MORAL ET PAR RAPPORT A
L'ACCOMPLISSEMENT DES FINS DE L'HOMME. — PARALLÈLE ENTRE
LES VUES D'AHRENS ET L'IDÉE CHRÉTIENNE.

La volonté est, entre toutes les facultés, celle dont la notion
métaphysique a été approfondie de nos jours plus qu'en aucun
temps. C'est également celle dont la philosophie chrétienne a
sondé le plus complètement l'essence. Levier par excellence de
la spiritualité, suscitant et entretenant la vie véritable de l'âme,
elle concentre tout le moi et résume notre suprême énergie causale et finale. Elle peut être considérée, du point de vue chrétien, comme le nœud vital de notre être. Toutes les autres
facultés se règlent ou se mesurent sur le jeu de celle-ci. Elles ne
sauraient en effet, vu leur indivisibilité et leur unité, acquérir
un nouveau degré de développement sans qu'il appelle une
plus grande force de volonté. Portant ainsi au plus haut point
l'ensemble de toutes nos puissances, la liberté est le principe
générateur et le souverain régulateur de toute la vie morale et
intellectuelle, la résultante dernière de toutes les forces inter-
nes qui, s'élevant successivement, développent, en se réunis-
sant en un seul foyer, leur *summum* d'énergie jusqu'à créer la
personnalité. Elle imprime par suite finalement à chaque homme
son individualité propre.

La volonté doit donc être considérée, au sens chrétien, par
rapport à l'homme et à ses fins, comme jouant le rôle supérieur (1).

(1) Tout cet ordre d'argumentation s'applique à l'état présent de nos facul-

Ahrens n'a point fait, nous l'avons vu, une part suffisante à cette faculté dans la constitution spirituelle de l'être humain, par cela même qu'il la subordonne et l'unit trop étroitement à la raison. Il les fond en quelque sorte l'une dans l'autre, et établit entre elles le plus parfait accord, qui se traduit par cette expression des plus significatives, *liberté rationnelle*. Celle-ci ne peut avoir, selon lui, d'autre mesure que la raison, de telle sorte que le but qui lui est assigné se réduit à l'objet même de l'activité de la raison. Mais ce rôle subordonné qu'il attribue ainsi à la volonté ne permet guère de comprendre comment elle serait capable de résister à la raison. Sur ce point, ses idées semblent être un peu indécises. Après avoir reconnu trois facultés dans l'homme, la pensée, le sentiment et la volonté, il admet que ces facultés peuvent être en opposition et en lutte entre elles; et l'explication qu'il donne repose précisément sur l'admission pour chacune d'elles des trois degrés dont il a été déjà question. L'être spirituel passerait ainsi successivement de l'état de sensibilité qui n'élève guère au-dessus de l'animal, à la réflexion par laquelle l'homme se regarde lui-même et calcule plus ou moins sagement son intérêt propre auquel il tend à tout rapporter, et arriverait finalement à la raison. A ce stade suprême, l'homme étant devenu capable de soumettre uniquement à la raison ses pensées, ses sentiments et ses volontés, est complet et s'appartient véritablement à lui-même. Mais dans une semblable opinion, la raison, à son apogée, imprimant une égale virtualité à chacune des facultés, il n'est guère compréhensible que l'une d'elles puisse rester en arrière de l'autre, la pensée, par exemple, être élevée au degré plein de raison sans que le sentiment le soit, et partant aussi la volonté. Aussi le langage de l'auteur trahit-il ici certaines hésitations. Il affirme, d'un côté, que s'unissant avec l'esprit fini, la raison, dont il fait l'élément constitutif de la personnalité, devient une fonction susceptible d'altération et de fausse direction ou sujette à l'erreur. De ce point de vue, tout notre être se concentrant dans la raison, le terme d'ascension

tés, tel qu'il subsiste après la chute. Il est donc fait abstraction ici de ce qu'était la liberté *à priori* dans la constitution de l'être spirituel.

de nos facultés, le mal ne saurait être qu'une infirmité, une insuffisance de la raison, une erreur. D'un autre côté, il semble faire prévaloir le caractère impersonnel de la raison, alors qu'il parle de la liberté morale qui existe virtuellement en toute personne et lui donne le pouvoir de se dégager du mal et des motifs vicieux, et de commencer à tout moment une série nouvelle d'actes conformes au principe de bien, alors même qu'on n'a pas la force de se maintenir dans cette voie. N'est-ce pas là opposer l'impersonnalité de la raison qui montre le vrai, le bien, le beau, ce qu'il appelle les idées divines, à la volonté où se concentrerait le moi, la personnalité véritable ? Mais cette opposition n'est au fond qu'apparente ; et il n'est pas difficile de concilier ces vues diverses en se rattachant à son principe fondamental qui est mis en pleine lumière, alors surtout qu'il place en regard la liberté rationnelle de la liberté irrationnelle, faisant dépendre l'immoralité du choix du défaut de conformité de la volonté à la raison. Cette dernière faculté n'est-elle pas prise ici dans son sens absolu, de telle sorte que s'il est vrai de dire qu'elle implique une liberté adéquate, la liberté irrationnelle s'entendra, au contraire, d'un degré inférieur de cette faculté, à laquelle correspondra une liberté du même degré.

C'est là où doit évidemment aboutir la logique du système, si on le pousse jusqu'à ses extrêmes conséquences. Mais Ahrens se tient toujours ici dans un juste milieu, laissant sa pensée dans une certaine indétermination.

Quoi qu'il en soit, à un autre point de vue encore, Ahrens absorbe la liberté dans la raison érigée en un pouvoir unitaire supérieur qui maintient l'homme dans l'unité du moi au-dessus de toutes les tendances partielles, quand il transporte l'absolu de la raison dans la volonté elle-même et exige que l'on fasse ce qui est bien d'une manière absolue, par le seul motif du bien. Il est ainsi conduit à n'admettre d'autre rapport nécessaire avec Dieu que celui qui découle de l'exercice même de la raison.

N'entrant pas en plein dans le surnaturel de la foi chrétienne, il proclame, avec tous les organes de la philosophie moderne, que la communication de la créature avec le créateur doit s'effectuer par le moyen de la raison et non pas directement par la volonté libre. Il fait consister la conformité avec Dieu dans la connaissance et non dans la liberté, admettant qu'elles s'impliquent l'une l'autre. Il envisage, en effet, la liberté comme fait primordial inhérent à la nature raisonnable. En ce sens, le rapport qu'on peut avoir avec Dieu par la liberté n'est qu'un rapport de raison. Faire prévaloir la connaissance sur la liberté qui serait purement corrélative à celle-ci, n'en étant que l'instrument, est commun à tous les systèmes de l'antiquité et partant à ceux qui de nos jours se sont écartés du surnaturalisme chrétien.

C'est là le fond des doctrines cartésiennes, qui découlent, en somme, du principe que Descartes a mis à la base de toutes ses spéculations : *Je pense donc, je suis.* Quelque large qu'ait pu être le sens dans lequel le grand philosophe aura pris la pensée (1), n'était-il pas plus vrai de dire, comme le fait observer l'éminent spiritualiste Maine de Biran : « *Je pense et je veux ; donc, je suis ?* » L'illustre Bossuet a su admirablement corriger ce que peut avoir d'incomplet la maxime de Descartes en admettant une véritable indivisibilité et une simultanéité nécessaire entre entendre et vouloir. « *Bien que distinctes, ces choses sont tellement inséparables*, dit-il, *qu'il n'y a point de connaissance sans quelque volonté ; l'âme ne pourrait distraire de soi-même une de ces choses, être, connaître et vouloir, sans se perdre tout entière.* »

Ces idées sont conformes à la grande tradition catholique, que saint Augustin résume dans son *Traité sur le libre arbitre* : « *Cum de libero arbitrio loquimur, non de parte animæ loquimur, sed de tota anima.* » Scot Erigène appelait encore, avec plus de concision et d'énergie, la liberté la substance de l'âme. C'est là le langage de la plupart des savants Pères de l'Eglise latine, qui, se montrant ici les nobles interprètes de l'idée chrétienne, s'en inspirent plutôt que de la notion métaphysique de la liberté. Mais c'est surtout la philosophie chrétienne allemande de l'époque moderne qui a su donner les plus complètes définitions de la liberté, en complétant les données de la raison par les nouvelles et pures lumières de la Révélation. Jacobi, qui fait de la liberté l'*essence de l'homme même*, autrement dit le *degré de sa capacité réelle ou*

(1) Voyez à cet égard sa correspondance.

de l'énergie avec laquelle il est ce qu'il est, ouvre la grande voie qui doit être ensuite élargie par Kant et ses successeurs. La liberté, dans le sens du philosophe de Kœnigsberg, dont la doctrine, d'abord renfermée dans de sages limites, eût pu tourner au profit de la vérité religieuse, repose avant tout sur la perception immédiate de la conscience du moi. C'est l'innéité, la spontanéité immédiate du sentiment de la liberté qui constitue l'unité centrale du moi, alors que toutes les oppositions de la double vie et expérience interne ou externe de l'homme viennent se fondre dans la certitude et l'activité du moi propre. Nul n'a mieux mis en relief l'autonomie de la volonté en vertu de laquelle l'homme pose à lui-même des buts et peut agir en vue de ces buts. Il fait surgir l'idée du devoir des rapports de la volonté avec l'ordre objectif dont il appuie la réalité, non sur la preuve de l'existence de Dieu, comme le faisait Descartes, mais sur la certitude immédiate qu'en donne la raison pratique dans la conscience de la liberté. Il eut pu faire rentrer dans le domaine de la liberté l'expérience morale, la Révélation, et rattacher ainsi sa loi des mœurs sur la morale aux rapports de l'homme avec Dieu qui, par essence, comme être par soi, est la liberté et l'autonomie même, et renferme en tant qu'absolument conscient de lui-même, la vérité pure, absolue. Au lieu de cela, il veut trouver le trait d'union entre la raison pure et la liberté, et transporte dès lors les catégories de la raison théorique précédant toute expérience et ayant un caractère de nécessité absolue du domaine de cette raison dans celui de la raison pratique. C'est de la raison que dérive le lien de droit, l'idée du devoir ou de ce qui doit être. Le commandement qu'elle impose est un impératif catégorique, obligeant indistinctement chacun d'agir, de telle sorte que des principes de son action on puisse tirer une loi générale des mœurs. Le caractère absolu de la liberté, il l'admet comme un reflet du caractère absolu de la raison qui, néanmoins, est impuissante à saisir Dieu par elle-même. Il veut ici combler l'intervalle en faisant de la liberté et de la conscience de la liberté le moyen de concevoir Dieu comme cause absolument libre. Mais tout en créant ainsi le monde moral, il ne le met pas en rapport direct avec Dieu et en fait une création de l'homme et non une émanation de Dieu. La liberté s'affirme en quelque sorte elle-même comme fait primordial inhérent à la nature raisonnable de l'homme ; autrement dit, l'homme n'est libre que parce qu'il est raisonnable. La liberté est une conséquence nécessaire de la raison ; par suite, le rapport que l'homme peut même avoir avec Dieu par la liberté n'est qu'un rapport de raison ; et le dernier aboutissant de la doctrine de Kant, lequel pose néanmoins la liberté comme suprême assise de l'ordre ou du monde moral, rentre dans l'essence de tous les systèmes rationalistes, sans en excepter ceux des déistes chrétiens et du plus grand de tous, Leibniz.

Ahrens ne suit pas ici complètement Kant, qui, après avoir pénétré si profondément la notion métaphysique de la liberté, fait du rapport de l'homme, en tant que libre avec Dieu, l'unique base de la religion et de la morale et la seule source de nos mérites et démérites. Mais il se rattache de préférence à Leibniz dont il s'approprie presque entièrement les vues, surtout dans l'ordre pratique et alors qu'il envisage l'homme comme être moral. Il n'entre pas par suite en plein dans le surnaturel de la foi chrétienne, qui montre Dieu se mettant le premier librement en relation avec l'homme de même qu'il l'a créé librement. Cette manifestation originaire de la personnalité divine communiquant avec la créature élevée à l'état de raison et à qui elle imprime le cachet de sa propre ressemblance par l'épreuve d'où doit sortir la liberté, lui paraît enveloppée d'un voile qu'il ne cherche pas à soulever. Ce problème de notre destinée, qui ne saurait être résolu sans les lumières de la Révélation, reste pour lui dans l'ombre. Il ne paraît pas avoir compris toute la grandeur du dogme chrétien qui met l'homme directement en rapport avec Dieu dès l'instant de la création et qui fait de la chute un acte souverain de sa liberté par lequel il ne veut dépendre que de lui, tentant de s'égaler ainsi à la divinité. Il rejette systématiquement ce dogme et semble admettre l'équilibre natif des facultés qui n'aurait point été troublé par une première faute. Cette négation du péché originel par lequel s'explique néanmoins naturellement la prédominance de l'animalité et des instincts corporels sur la partie spirituelle de l'être, ne lui permet guère d'admettre dans toute sa profondeur le mal moral, qui n'est jamais d'ailleurs, dans son système, le produit d'une liberté absolue, mais implique une liberté purement relative et en rapport avec le degré de la raison. Un affaiblissement de cette dernière liberté prise en soi ne peut dès lors se comprendre, puisqu'il doit nécessairement correspondre à un affaiblissement de la raison. Il ne saurait donc y avoir pour lui dans le mal, en principe, comme nous l'avons déjà expliqué, et en fait, aucune cause réelle n'ayant porté atteinte à l'origine à la liberté proprement dite, qu'une privation partielle, qu'un obscurcissement de la raison. C'est une imperfection originelle inhérente à la nature finie de l'être créé, lequel ne sachant pas tout peut se tromper et par conséquent commettre des erreurs; mais ce n'est pas une faute de la volonté se repliant sur elle-même et se prenant exclusivement pour fin.

Dans le système chrétien, le mal est toujours l'égarement de la volonté dans laquelle l'homme transporte tout son moi, tout ce qui constitue sa personnalité. Cette faculté n'est vraiment absolue, dans son principe, comme dérivant de Dieu même qui a imprimé par elle le sceau de sa ressemblance sur l'âme humaine, dans son objet qui n'est autre que l'union à Dieu, qu'autant qu'elle s'est exercée à l'origine ou continue à s'exercer dans un rapport direct avec lui. Dès lors, le mal revêt dans les mêmes conditions un caractère absolu, comme se résolvant dans un éloignement de Dieu qui, d'après le dogme révélé, a voulu devenir le principe et la fin de notre liberté, afin que la créature n'ait rien qui ne soit emprunté et ne se rapporte à lui. Le bien qui, pour le chrétien, n'est autre, à tous les degrés, que l'union plus ou moins complète avec Dieu, revêt aussi, en ce sens, un caractère absolu quand cette union est arrivée à son dernier terme. Dans le système d'Ahrens, il n'est à son apogée même que le plein exercice de la pure raison à laquelle l'amour de Dieu et des hommes doit lui-même s'adresser. La cause en est qu'en rapportant ainsi toute notre activité à un même centre et en travaillant au bien commun, nous sommes rendus heureux du bonheur de tous. L'amour est, avant tout, aux yeux de Leibniz, un acte de raison plutôt qu'un acte par excellence de liberté, de don de soi. Contempler dans ses perfections Dieu, qu'il appelle l'harmonie universelle, la source de toute beauté, voilà en quoi consiste le véritable amour de Dieu.

Ces vues, les plus élevées que comporte le déisme en dehors
de la croyance positive à l'ordre vraiment surnaturel, au Dieu
vivant et souverainement libre de la Révélation, ne laissent
point une part suffisante à la liberté dans la manière dont elle
concourt à l'accomplissement des fins de l'homme.

Ahrens s'arrête à ce premier degré de la raison qui perçoit
l'intelligible divin. Il ne s'est pas élevé à ce point que le père
Gratry appelle si bien la dernière démarche de la raison. Ce
que les théologiens nomment l'acte de foi, le mouvement libre
d'intelligence et de volonté vers Dieu, demeure étranger à tout
l'ordre de ses spéculations. Et dès lors la liberté qui résume
toute la force de l'être spirituel est refoulée dans les limites
de l'ordre humain ou rationnel. Le libre arbitre, sans doute,
n'équivaut qu'à la volonté pleine, formelle, raisonnable. Il
n'existe pas encore avec cette volonté de nature tout instinc-
tive que saint Thomas appelait la liberté de spontanéité. Il faut
que l'homme arrive à la pleine possession de son être par la
raison pour que sa volonté soit véritablement libre. Mais cette
raison naturelle qui, suivant saint Thomas, est le reflet dans
l'homme de la lumière de Dieu, n'est qu'un premier degré,
celui que notre grand philosophe spiritualiste, Maine de Biran,
appelait la vie moyenne de l'homme libre et moral, l'intermédiaire entre la vie animale ou purement naturelle et la vie
surnaturelle. C'est un commencement d'union avec Dieu, lequel doit conduire à un terme supérieur. Pour y parvenir,
l'âme doit conquérir cette unité véritable de volonté et d'amour
due au triomphe absolu de la loi supérieure de l'esprit sur la
loi inférieure des membres, pour me servir des expressions de
saint Paul, unité bien supérieure à celle qu'obtient Ahrens en
concentrant toutes les puissances du moi dans la raison. D'où la
nécessité de se spiritualiser de plus en plus sous l'action de la
grâce et de l'esprit divin, lequel, comme une force supérieure
et étrangère, peut diriger la force propre de pensée et de volonté, l'exciter, l'élever quelquefois au-dessus d'elle-même.
Ahrens eût été ainsi conduit à cette vie plus haute où, vivant
uniquement de Dieu et pour Dieu, l'homme obtient, avec la
plénitude de liberté, le degré le plus grand de simplicité et de
concentration de son être. Ce sont là les enseignements de la

Révélation, montrant comme idéal à atteindre cette vie supérieure qui est à l'âme comme une addition de sa vie propre, lui venant du dehors et de plus haut qu'elle, savoir, de l'esprit-amour qui souffle où il veut.

En ne s'élevant pas à ces hauteurs et en rejetant dans les ombres et les régions chimériques du mysticisme tout ce qui tient de l'ordre surnaturel, Ahrens devait s'efforcer d'agrandir les horizons de l'ordre naturel, faire de la raison l'unique principe de vie pénétrant les puissances de l'homme et les ramenant à l'unité, l'unique fondement sur lequel s'édifie la justice humaine. La raison, dès lors, ayant le pouvoir de se suffire à elle-même et de poser en même temps ses propres fins à la liberté, est érigée en suprême régulateur de la vie individuelle et sociale. Elle est le seul flambeau qui éclaire nos pas et la marche des sociétés. Elle se substitue entièrement aux pures lumières de la Révélation propres à rejaillir sur une foule de vérités, de lois et de phénomènes de l'ordre naturel, lesquels apparaissant ainsi sous leur vrai jour, peuvent être mieux compris en eux-mêmes et dans leurs rapports entre eux.

En reculant ainsi les bornes de la raison purement humaine qu'il empreint comme telle du cachet divin, Ahrens a dû aller jusqu'au point de diviniser pleinement les buts de la vie naturelle. Il a été ainsi conduit à amoindrir considérablement le rôle de la religion et de la morale, puisque, au lieu d'envisager celles-ci à part, comme dominant et devant pénétrer de leurs influences tous les autres buts, il les a mises de niveau et pour ainsi dire confondues avec eux. Il s'est ainsi gravement écarté de la vérité révélée, surtout en ce qui concerne les fins dernières. Il méconnaît par suite aussi en partie les droits de la liberté, appelée, sous l'action de la grâce, à concentrer tous les rayons de la foi sur la raison pour entraîner celle-ci avec elle vers ces fins supérieures, dont l'obtention doit réaliser entre les deux le plus parfait accord.

C'est par rapport à ces fins qu'éclate surtout la différence entre l'idée rationaliste et l'idée chrétienne, qui impliquent néanmoins l'une et l'autre, comme moyen de les atteindre, l'harmonie entre la raison et la liberté.

A cette différence fondée sur l'admission du cachet divin ou

éternel censé virtuellement et indestructiblement inhérent aux
buts de la vie naturelle, et, par suite, à l'ordre extérieur en
rapport avec ces buts, répond un mode jusqu'à un certain point
différent de concevoir le rôle respectif de la raison et de la
liberté. La seconde ne peut et ne doit être, dans ce cas, qu'un
instrument passif de la première.

Dans la deuxième hypothèse et avec l'admission des fins
surnaturelles qui ont suivi la chute, la liberté peut se concevoir
comme ayant un rôle actif vis-à-vis de la raison. Résumant,
d'un côté, par son union avec celle-ci, toute l'énergie spirituelle
de l'homme, de l'autre, par son union au corps et aux facultés
sensibles, toute la force active et causale, toute sa puissance
de vouloir et d'aimer, elle peut, de ce dernier côté, exercer une
action propre de direction. Cette action consiste à tourner
l'âme, par une certaine impulsion de désir ou d'amour, vers
les vérités supérieures de la foi, pour que la raison monte jusqu'à leur hauteur, et à seconder ensuite cette ascension en se
mettant en plein accord avec elles.

Cette distinction entre le rôle actif ou passif de la liberté
vis-à-vis de la raison disparaît, une fois l'harmonie complète
entre l'une et l'autre obtenue par l'union permanente de cette
dernière à la raison divine. C'est ce qui ressortira plus complètement d'un court parallèle fait à un semblable point de vue
entre les deux doctrines.

Tout se ramène, dans le système d'Ahrens, à deux notions
mères, liberté et nécessité, et à leur lien d'union dans une
finalité supérieure, la raison. Partant de ces deux grandes lois,
il oppose nettement l'une à l'autre et sépare ces deux ordres,
dont l'un revêt le caractère de nécessité, l'autre celui de liberté;
mais en même temps il les rapproche et les harmonise, en
montrant comment la vie individuelle et sociale est appelée à
reproduire, dans tous les domaines de l'ordre moral, cette harmonie que Dieu a fondée éternellement dans l'ordre physique.
L'exercice progressif de la raison, de cette faculté supérieure
qui se révèle sans que l'homme en ait d'abord pleinement conscience par l'instinct raisonnable sous l'empire duquel les premiers rapports moraux et juridiques sont fondés, voilà la tâche
imposée à la liberté. Au fur et à mesure que l'homme entre

plus complètement en possession de lui-même et de ses facultés, sa raison étend son domaine aussi bien dans l'ordre matériel que dans l'ordre moral, où il-relève plus directement de Dieu par la morale et par la religion. Elle se met en rapport avec un plus grand nombre de buts ou de domaines de l'existence ; et la volonté, opérant librement par la raison, doit se rencontrer de plus en plus pleinement en harmonie avec l'ordre objectif embrassé sous toutes ses faces, mais de manière à les ramener toutes à leur unité divine, l'éthique, ce qui se traduit par cette formule synthétique, l'harmonie de la liberté et de l'ordre par la raison, autrement dit par l'éthique.

Dans le dogme chrétien, tout se ramène aussi à deux grands principes, l'autorité divine d'un côté, l'autorité émanant de l'être qui possède en lui, dans une plénitude infinie, la raison et la liberté, étant à lui-même son but en ce qu'il ne peut agir qu'en vue de lui-même et suivant ses propres lois, et, de l'autre, la liberté humaine. Celle-ci, en un sens, est aussi absolue, mais n'étant éclairée que par une raison bornée, doit se conformer à la volonté de Dieu et soumettre par cela même cette raison à la raison souveraine de Dieu. Tous les rapports de la vie humaine et sociale se règlent par la volonté de Dieu clairement manifestée et révélée à l'homme dès l'origine. C'est cette autorité qui préside à l'établissement des premiers rapports moraux et religieux, et qui, en traçant à l'homme ses devoirs, fournit le cadre de toute l'organisation sociale, sans qu'il soit néanmoins porté atteinte à la liberté, laquelle s'affirme le premier jour, et, dans la suite des temps, continue à s'affirmer par sa soumission ou sa révolte envers elle. Tout tend, dans la religion, à faire l'éducation de cette liberté et à prévenir ses écarts. La foi n'est destinée qu'à éclairer la raison humaine, à lui donner ce surcroît de lumière qu'elle ne saurait puiser en elle-même, afin de l'élever en quelque sorte à l'intelligence des conseils de Dieu. En ce sens, tandis que la formule rationaliste serait l'harmonie de la liberté et de l'ordre par la raison ou la règle d'activité de celle-ci, l'éthique, la formule chrétienne serait l'harmonie de la liberté et de l'ordre par la raison éclairée aux lumières supérieures de la foi, autrement dit par la morale religieuse, sa règle finale d'activité.

CHAPITRE VII.

LA RELIGION ET LA MORALE DANS LE SYSTÈME D'AHRENS COMPARÉ AU
DOGME CHRÉTIEN.

Par la manière dont il conçoit la religion, cherchant, à l'exemple
de Krause, à concilier les principales opinions diverses, Ahrens
est fidèle à la méthode éclectique. Il combine entre elles les
idées de Schleiermacher, de Hegel et de Fichte, qui réduisent
la religion, le premier au sentiment, tel que celui de dépendance du fini vis-à-vis de l'infini, le deuxième à un degré
déterminé de la pensée et de la connaissance, le troisième à la
volonté s'identifiant avec l'absolu. Puis, ramenant à l'unité
consciente ces trois facultés spirituelles, il cherche à montrer,
se rapprochant par là des enseignements de Schelling, qu'elles
sont, en tout ce qui constitue la personnalité, mises par la religion en rapport avec Dieu. Celle-ci embrasse de la sorte, sous
toutes ses faces, leur union avec Dieu. Mais ici il se montre bien
supérieur à Krause, se pénétrant davantage de l'idée chrétienne.
Substituant le sentiment de l'amour à celui de la crainte, unissant, à l'instar de Leibniz, la science et la foi, comme renfermant
toute pensée et tout l'ordre des connaissances, et comme formant
ainsi les deux pôles de toute activité, il fait consister toute vraie
religion dans l'amour divin dont le degré se mesure sur le degré
d'application à la poursuite du bien. Il montre ainsi que le
christianisme, qui ramène tous les commandements à un seul,
celui d'aimer Dieu et l'homme, renferme en lui une source
inépuisable de vie. La science et la foi, dit-il, sont comme les
leviers spirituels qui nous soulèvent vers le divin; mais ils

doivent combiner leur action, de manière à se résoudre dans l'unité d'une force impulsive, celle de l'amour.

La Réforme, qui voit principalement dans le christianisme une foi et l'envisage sous ce côté, ne lui paraît pas avoir tenu suffisamment compte du précepte général de l'amour, à la pratique duquel doit concourir l'homme tout entier. Tout en reconnaissant que le protestantisme a poussé cette foi à son plus haut degré, comme en faisant découler avec la source de vie par excellence la confiance absolue de l'homme se donnant sans réserve à Dieu, il nous semble ici donner implicitement la préférence au principe catholique. Rappelant les enseignements de l'Apôtre, « *qui demeure dans l'amour, demeure en Dieu et Dieu en lui*, il insiste sur les inconvénients et suites funestes que présente et qu'a présentés la prédominance de l'élément de la connaissance au sein de la religion. Lorsqu'au lieu d'élargir ses horizons et de fournir des bases d'union la foi se renferme dans un cadre étroit et se réduit à une science qui aurait un objet particulier et pouvant être traité à fond et en détail comme tout autre branche du savoir, le danger d'errer n'est pas le seul, seluon lui, qu'on encoure. Il y a lieu aussi de craindre que toute erreur, une fois reconnue sur un point spécial, compromette la solidité de l'édifice tout entier. Mais Ahrens nous paraît ici tomber dans une autre exagération : La foi, sans doute, dans le sens chrétien, n'est pas une simple croyance de l'esprit ; elle s'unit plutôt étroitement à l'amour, de manière à ne former qu'un même souffle de vie qui pénètre l'homme tout entier. Toutefois la partie dogmatique de la religion n'en est pas moins pour cela essentielle. Comment l'amour se développerait-il sans la foi qui lui sert précisément d'aliment ?

Il fait appel aux confessions chrétiennes, pour qu'elles se retranchent désormais sur le terrain de l'amour. C'est le seul moyen qu'elles ont, à l'entendre, de repousser victorieusement les attaques dirigées contre elles par les sciences naturelles et la philosophie. Ailleurs, il conseille à la religion de s'allier avec la philosophie, reconnaissant qu'elles sont aussi nécessaires l'une que l'autre, comparant avec Fichte la première à la lumière, la seconde à la chaleur du divin qui, toutes deux, sortent du même foyer. Mais cette nécessité de donner de nouvelles forces à la religion ne répond au fond pour lui qu'à un but, celui de fortifier la morale et les liens de communauté entre les hommes. Il veut, avant tout, maintenir cet idéal religieux auquel les masses sont encore accessibles, en vue de contre-balancer efficacement l'attrait vers les choses sensibles. Il faut, dit-il, donner satisfaction aux plus hautes aspirations de l'individu comme de la société en alimentant, par le culte religieux, la foi au bien, au vrai, au juste, au divin pour tout dire, afin de détacher l'esprit du terrestre pour le tourner vers l'éternel. C'est cet attrait pour les choses divines qui forme entre les hommes le lien le plus indestructible d'union, lequel ne saurait faire défaut sans que l'ordre social n'en soit ébranlé.

Dans toutes ces spéculations, d'un caractère purement religieux, Ahrens ne semble point au fond séparer la religion de la morale. C'est à la morale religieuse que se réfèrent la plupart des points de vue que nous venons de mettre en relief et qui permettent de supposer que l'auteur ne fait pas en réalité de la religion unie à la morale une sphère à part. A le voir si pénétré de l'idée chrétienne qui doit, selon ses propres expressions, vivifier tout notre être et devenir le mobile premier de nos sentiments, de toute notre activité, on ne saurait guère admettre ici qu'il restreigne l'action morale et religieuse de la vraie foi, c'est-à-dire du christianisme. Néanmoins, à chaque instant dans ses œuvres, et alors qu'il énumère les sphères de culture ou d'activité, il fait toujours une place distincte à la religion en général, la mettant sur la même ligne que les autres au nombre desquelles se trouve la morale qui, dès lors, ne paraît pas devoir se confondre avec elle (1).

Quand Ahrens considère la religion comme ayant une destination propre et séparée et qu'il l'assimile de ce côté aux autres ordres de culture, il la définit : |« *l'union de la personnalité humaine, du moi, de la volonté avec Dieu existant aussi dans sa*

(1) L'auteur ne semble, au fond, faire de la religion et de la morale des sphères de culture distinctes qu'autant qu'il les envisage dans leur rôle social en un sens relatif, les met en regard de l'Etat ou les oppose aux autres sphères. Considérées par lui dans leur rapport avec la destinée individuelle, la religion et la morale forment un tout absolu et indivisible.

conscience propre comme causalité ou personnalité absolue. »
Sous ce rapport, en apparence restrictif, il la met sur la même
ligne que la science, l'art, etc., en disant : « *L'homme tend à se
parfaire par la science et par l'art dans ses rapports avec toute
existence, et,* ajoute-t-il en se servant de la même locution, *par la
religion dans ses rapports avec Dieu.* Mais par ce mot générique
de *religion,* à s'en référer à l'enchaînement logique des idées,
l'auteur entend évidemment désigner le principe actif de la
raison. Ne dit-il pas, en effet, que cette faculté est précisément
le rapport par lequel l'homme s'unit personnellement avec Dieu,
le mode dont cette union s'opère, selon ses propres expressions,
pour tous les buts de la vie, en tant qu'elle assure à l'homme le
moyen de créer l'ordre harmonique du bien ?

A ce point de vue, le seul qui doit servir de base à notre
comparaison entre la doctrine rationaliste d'Ahrens et le système
chrétien, la religion se réduit à n'être pour lui que la loi même
de perfectibilité infinie inhérente à la nature raisonnable, ce qu'il
traduit dans ce langage d'une beauté saisissante : « Le but est,
» pour l'homme, le trait d'union du fini et de l'infini : ce qu'il n'est
» pas, il doit le devenir. Par le but il relie le présent et l'avenir.
» L'avenir se déroule devant lui comme infini, parce que les buts
» de l'humanité sont eux-mêmes infinis, ne pouvant s'accomplir
» dans aucun laps de temps ni dans les limites d'aucune vie,
» encore si pleine qu'elle soit. Par la puissance de l'infini, du
» divin qu'il recèle, l'homme pousse à leur perfection, à la
» lumière de la raison, toutes les forces, toutes les qualités dont
» il est doué ; et puisant sans cesse à la source infinie de l'être
» et de la vie, il s'approprie ce qui lui manque, se complète,
» arrive à sa plénitude de vie et atteint ainsi le but dernier de
» sa destinée. L'homme atteint le plus haut degré de sa perfec-
» tion par l'union de la vie avec Dieu, par la religion ou
» communion intime avec Dieu (1). »

Entendue dans son sens large, la raison, la puissance virtuelle
du développement de son être, étant le rapport par lequel
l'homme s'unit à Dieu, embrasse toute son activité, nos autres
facultés devant se concentrer au foyer de la raison, leur centre

____

(1) Ce passage est extrait de l'*Encyclopédie juridique,* 1ᵉʳ livre.

de vie et d'énergie. En d'autres termes, par l'exercice même de la raison, l'homme se trouve nécessairement dans un rapport de religion avec Dieu conçu dans sa causalité absolue et infinie, en tant que source de tout bien et communiquant à tous les ordres de l'existence un cachet divin. Aussi le développement progressif de la raison, lequel résume toute notre vie, embrasse-t-il tous les degrés possibles et infinis de l'existence future, *laquelle ne saurait être comprise que comme une progression constante, libre, morale dans le domaine infini du bien, comme un rapprochement incessant vers Dieu, à qui seul*, dit-il, *appartient la parfection absolue et infinie du bien.*

La religion chrétienne comprend l'ensemble des rapports de l'homme avec Dieu, rapports qui se règlent sur ceux préexistants de Dieu avec l'homme. C'est Dieu le premier qui s'est mis librement en relation avec l'homme, de même qu'il l'a créé librement. Si l'on supprime cette manifestation originaire de la personnalité divine entrant en communication avec sa créature élevée à l'état de liberté et de raison, ou que l'on introduise la moindre nécessité en Dieu, tout rapport véritable de religion disparaît.

Dans le système chrétien, l'homme a donc dû être créé en un seul couple, et, vu sa nature raisonnable, faire, dès le premier instant de son existence, un suprême usage de sa liberté, ayant été mis directement en relation avec Dieu et en devoir de lui obéir, de même qu'à son dernier souffle s'accomplit aussi en quelque sorte un dernier acte de liberté. Dans le système d'Ahrens et autres doctrines rationalistes, l'homme n'étant constitué que par la raison et pour la raison, a dû nécessairement se trouver en contact dès l'origine avec des semblables pour vivre de la vie raisonnable (1). Par suite aussi, l'homme, à la fois et d'une manière indivisible être sociable et raisonnable, a fait un premier usage de sa liberté rationnelle, non point dans un rapport direct avec Dieu mais uniquement dans un rapport direct avec des semblables et avec l'ordre extérieur.

(1) L'auteur admet, en effet, la coexistence originelle de plusieurs hommes ou couples sur un ou plusieurs points du globe, et rejette l'unité de descendance d'un seul couple, faisant consister simplement l'unité du genre humain dans un type unique d'organisation.

La raison, selon le dogme chrétien, n'éclaire l'homme de son reflet divin que pour le conduire à la fin dernière assignée à sa liberté, et que celle-ci ne peut atteindre qu'en y appliquant toutes ses énergies ; et si son suprême progrès, le terme de ses aspirations, est la plénitude ou le *summum* de liberté, et, partant, de conformité à la volonté divine, par où il obtient le plus haut degré d'union avec Dieu, sa suprême déchéance est la perte entière de sa liberté, de son âme, partant aussi de sa raison, perte excluant toute régénération, par cela même qu'elle aboutit à l'éloignement infini de Dieu. En un mot, l'homme, chrétiennement parlant, n'est raisonnable que pour faire usage de sa liberté, qui reste inséparable de la raison ; et cette liberté, pour être complète, implique, conformément au plan divin inhérent à la chute originelle, la possibilité de séparation d'avec la raison divine, et, par suite d'option entre deux extrêmes, entre la vie et la mort. Elle présuppose le dualisme des buts, bien que reliés entre eux dans ce même plan ; partant, le but temporaire naturel et le but éternel surnaturel pouvant s'opposer l'un à l'autre.

Dans le système d'Ahrens et autres théories rationalistes, l'homme n'est libre que pour faire usage de la raison, ce suprême aboutissant de la liberté, laquelle n'existe pas en soi et pour soi, mais uniquement comme liberté rationnelle, comme simple pouvoir de choisir entre un bien et un mal relatifs, entre le bien et le mieux ; et cette liberté, répondant à la loi d'harmonie de l'être humain, à la fois corps et esprit, exclut toute dualité de buts, lors même qu'ils seraient subordonnés et reliés l'un à l'autre, comme jurant avec une semblable loi, avec l'unité finale que l'homme conquiert par la raison. Par cela même, elle reste incomplète, impliquant l'unité divine de l'ordre physique et spirituel, laquelle est censée devoir se continuer à tous les degrés ultérieurs de l'existence future. L'homme ne pouvant, sans cesser d'être homme, déchoir entièrement de sa nature raisonnable et par suite aussi de sa liberté, sa dégradation extrême et son éloignement infini de Dieu ne sauraient se comprendre. Il reste toujours libre ici-bas et à tous les états possibles de la vie à venir de rentrer dans la voie du bien et de reprendre son progrès vers Dieu.

Mais cette différence de point de vue se rattache à un mode différent de concevoir la nature divine. A envisager Dieu exclusivement comme facteur éternel du vrai, du beau et du bien, comme causalité suprême et absolue par sa raison une et consciente, règle idéale de son activité infinie, l'homme ne pouvait entretenir avec lui de véritable rapport. Il n'y avait point de rapprochement possible entre une activité et une raison bornée, d'un côté, et une activité et une raison infinie, de l'autre, sans la loi de perfectibilité infinie qui, nous l'avons vu, comble l'abîme dans une certaine mesure.

Mais l'idée chrétienne ouvre ici des horizons bien autrement larges. Ce qui ne serait pas possible naturellement le devient dans l'économie du plan divin, lequel impliquant la mise en rapport directe à l'origine de Dieu avec l'homme, se rattache aux notions plus complètes que la Révélation a données de la nature divine.

Dieu n'est pas seulement l'acte pur de la pensée ou de l'intelligence absolue, tel que le concevaient les deux grands philosophes de l'antiquité, Platon et Aristote. Il est l'acte pur de la volonté ou liberté absolue, c'est-à-dire qu'il se veut lui-même infiniment. Dieu est, pour ainsi dire, tout moi. Il est moi dans son principe et dans sa fin ; il est par suite l'unité absolue. C'est là le Dieu vivant de la Bible et de l'Evangile, c'est le Dieu-Trinité. De même qu'en Dieu l'être par soi ne saurait se concevoir sans l'absolu de la liberté et de la parfaite personnalité, et l'implique nécessairement ; de même aussi en l'homme créé à la ressemblance de Dieu, la liberté ne se comprend, nous l'avons fait déjà ressortir, que comme l'essence même de son être, la substance de l'âme.

Aussi est-ce la volonté dont Dieu est jaloux. « *Car il nous l'a donnée, non afin que nous la gardions et que nous en demeurions propriétaires, mais afin que nous la lui rendions tout entière, telle que nous l'avons reçue et sans en rien retenir.* » Ce langage, emprunté à Maine de Biran, est le plus éloquent témoignage de la foi du grand psychologue, dont la dernière effusion d'âme, le testament en quelque sorte, est contenu dans ces autres paroles où vibre si puissamment le sentiment religieux : « Le véritable » amour consiste dans le sacrifice de soi-même à l'objet aimé.

» Dès que nous sommes disposés à lui sacrifier invariablement
» notre volonté propre, si bien que nous ne voulons plus rien
» que lui, et pour lui, en faisant abnégation de nous-mêmes, dès
» lors notre âme est en repos, et l'amour est le bien de la vie. »

Développer une plus grande puissance de volonté et de liberté, c'est l'acte par excellence de Dieu en l'homme, l'action de la grâce, pour me servir du langage de la théologie (1). Ce développement poussé à son degré extrême explique seul les miracles de l'héroïsme chrétien des premiers siècles, qui a éclaté au milieu de la plus abjecte servitude ; et, chose remarquable, c'est au moment du plus haut degré d'abnégation et de renoncement de lui-même que l'homme acquérait la plus haute puissance de volonté et de liberté, et maîtrisait la nature dans son corps jusqu'à en comprimer le cri et endurer tranquillement les plus affreux supplices. Dépouillée de la faiblesse inhérente à l'être fini, la volonté était en quelque sorte, à l'instant où elle abdiquait en apparence, rendue par Dieu au centuple et grandissait alors jusqu'à se confondre pour ainsi dire avec la liberté de l'être infini.

Le christianisme est donc bien et restera toujours par excellence la religion de l'âme et de la liberté, et, de l'aveu même d'Hegel, il tient ce caractère indestructible du dogme du péché originel. Relever et redresser en nous la volonté, c'est le commencement et la fin de son action. Le travail de régénération religieuse se concentre là, et, une fois accompli, tout l'être moral et spirituel, tout l'être vivant se trouve renouvelé ; car la volonté embrasse le cercle entier de l'activité interne et externe. La religion ne s'adresse donc pas seulement à notre intelligence, à la raison ; mais elle saisit toutes nos facultés par la volonté, et devient ainsi le moteur premier de nos sentiments, de toutes nos actions. C'est ce que M. Guizot, cet illustre champion de la

______

(1) Le propre de l'action ordinaire de Dieu en nous, c'est de nous rendre la liberté, de nous délivrer de ce qu'on a si bien appelé l'esclavage du péché. Chose qui n'a pas été suffisamment remarquée, le propre de l'esprit opposé à Dieu, c'est de nous enchaîner, témoin ces possessions du corps par Satan, qui sont une image sensible si fidèle de la possession de l'âme par l'esprit mauvais (*Histoire de J.-C. et de son époque*, 5ᵉ vol., par Ewald. Traduction inédite).

cause chrétienne, a compris et exprime admirablement en ces termes : « *La foi chrétienne est autre chose qu'une conception ou conviction de l'esprit, c'est un état général de tout l'homme. C'est la vie même de l'âme, non seulement la vie actuelle, mais le gage et la source de sa vie future. La foi en J.-C., rédempteur et sauveur, fait la vie chrétienne, et la vie chrétienne prépare le salut éternel.* »

Mais à part ce rapport absolu de Dieu avec l'homme, lequel doit trouver en lui l'objet suprême de ses aspirations, de son amour, rapport qui pour sa complète réalisation s'adresse avant tout à la volonté, il s'en est dévoilé un autre depuis la déchéance, et c'est celui-là qui, constituant de fait le fond de toutes les traditions religieuses primitives, sert de base à la religion chrétienne, qui seule en fournit la clé. N'y a-t-il pas en effet en Dieu un amour relatif et de préférence se manifestant dans la création de l'homme et devant être conçu à titre de fait positif, comme un rapport essentiellement libre et comme un choix (1)? L'existence, la vie et la mort de Jésus-Christ sont la plus éclatante réponse à cette question. Eternellement rattachées au plan divin de la rédemption, les relations de Dieu avec l'homme empruntent à celles d'un père avec ses enfants leur véritable caractère. Dieu a voulu être assimilé à une personne morale, et par là imprimer à la vérité morale sa valeur absolue, pour reproduire la belle expression de Schelling. A ce point, se rencontrent la philosophie et la religion, ainsi que le fait éloquemment ressortir ce grand maître de la pensée moderne qui, revenu aux croyances chrétiennes par l'étude approfondie de la liberté, a prononcé ces étonnantes paroles : « *On dit : Dieu doit être la pure expression du surhumain ; mais s'il voulait l'être aussi de l'humain, qui trouverait à y redire ? Je ne peux donc lui pres-*

(1) Schelling, dans son *Traité de l'essence du libre arbitre*, avait affirmé en Dieu la liberté de la manière la plus accentuée et la plus exclusive de toute vue rationaliste ou panthéiste : « *La création n'est pas un événement, mais un acte. Ce n'est point un simple résultat des lois générales ; mais Dieu, ou pour mieux dire la personne de Dieu, voilà la loi générale, et tout se produit en vertu de la personnalité de Dieu, non d'après une nécessité abstraite qui ne se comprendrait pas dans nos actes et encore bien moins dans ceux de Dieu.* »

crire d'avance ce qu'il doit être. Il est ce qu'il veut être. Je dois chercher seulement à découvrir sa volonté, mais non lui interdire à priori d'être ce qu'il veut être (1). » M. Secrétan, l'un des philosophes chrétiens du temps actuel, qui ont su le mieux s'approprier les dernières vues de Schelling sur la liberté divine, s'exprime encore plus hardiment dans ce passage : « Il faut reconnaître qu'en Dieu comme en nous, la puissance précède l'acte. Il est ce qu'il fait, et son amour, qu'il pourrait retenir, est un vrai don. Le fait n'est que fait, et point nature. On ne saurait être reconnaissant envers qui ne peut refuser ses bienfaits. Il faut déduire l'amour de la liberté et non pas l'inverse. Je suis ce que je veux : tel est le dernier mot et le premier (2). »

Pour répondre à un semblable amour de choix, le chrétien doit élever au degré extrême sa liberté, en introduisant l'absolu de l'amour de Dieu et partant du renoncement de soi dans la volonté propre. Celle-ci, transformée en quelque sorte par là, atteint une souveraine énergie jusqu'à ne faire presque plus qu'un avec la liberté infinie de Dieu. En d'autres termes, le dernier produit, le fruit suprême de la volonté, pour me servir du langage de saint Augustin et de saint Thomas, est l'amour, lequel dans sa plus haute expression, consiste dans le sacrifice pleinement volontaire de soi-même à l'objet aimé. Mais à ce degré, l'amour perd son caractère naturel, se transfigure et devient une vertu tenant du surnaturel; ce que Pascal traduisait en ce sublime langage : « *La distance infinie des corps aux esprits figure la distance infiniment plus infinie des esprits à la charité; car elle est surnaturelle.* » Ainsi la charité, dans sa mystérieuse ascension, se confondrait avec l'amour infini que Dieu a de lui-même, et diviniserait ainsi tout l'homme. Le vrai martyr qu'a produit la véritable religion sacrifie avec transport sa vie pour Dieu. Il va au-devant de la mort, des plus affreux supplices avec une joyeuse sérénité, et non pas seulement avec un un calme de résignation qui dissimule la contrainte et qui est le

(1) Lettre à Eschenmayer.
(2) *Philosophie de la liberté.*

dernier effort du moi, et non le suprême acte de volonté et de renoncement au moi (1).

On s'explique ainsi comment à la raison se complétant par la foi doit répondre, pour le chrétien, un surcroît de volonté pour se conformer aux enseignements de cette dernière, tandis qu'à la raison réduite à ses propres forces correspond, pour le rationaliste, une liberté moindre. La comparaison revêt une forme encore plus saisissante en ce qui concerne la morale proprement dite, laquelle reste plus intimement liée à la religion dans le dogme chrétien que dans la thèse rationaliste d'Ahrens, qui tend à les confondre ou plutôt à laisser absorber la première par la deuxième.

D'après ce dogme, l'homme ne peut sincèrement rapporter ses facultés spirituelles à Dieu par la religion, s'il ne s'y rapporte pas en même temps dans les actes de sa volonté par la morale. Dans son vaste cadre, la loi morale comprend l'ensemble de nos devoirs envers Dieu, envers nous-mêmes et envers nos semblables ; mais ces devoirs, qui semblent divers, se résument au fond dans un seul : celui d'aimer Dieu par-dessus tout, et de ne nous aimer nous-mêmes et notre prochain qu'en vue et pour l'amour de Dieu. Le premier degré de l'amour de Dieu consiste à obéir à la loi qu'il a tracée, à ses commandements. Le péché n'étant que la désobéissance à cette loi, implique à la fois nécessairement l'existence et la connaissance de celle-ci. L'obéissance en elle-même, et abstraction faite du motif, constitue non pas tant un acte de raison qu'un acte de liberté. Soumettre sa volonté à celle de Dieu, lors même que ce fût par un motif de crainte, n'en est pas moins un commencement de renoncement du moi, un premier degré de vertu. Mais par suite de l'union de la nature divine et de la nature humaine dans l'homme, Dieu ayant indéfiniment reculé les horizons du perfectionnement moral, la

(1) Deutinger analyse éloquemment ce suprême acte de renoncement : « L'amour est la plus énergique affirmation du moi propre par la négation » de celui-ci poussée aux dernières limites. C'est le plus haut point auquel » puisse s'élever ce même moi en faisant l'abnégation la plus complète de » lui-même. L'amour nie la nature et l'affirme par cela même dans la ré- » gion de la liberté » (*Le principe de la philosophie moderne et la science chrétienne*. Traduction inédite).

liberté, qui est en nous l'unique levier de ce perfectionnement, a grandi dans la même proportion. Aussi, pour se conformer à son sublime idéal, le chrétien doit-il travailler à acquérir cette vertu par laquelle il agit toujours en vue et pour l'amour de Dieu. « De même que la liberté de Dieu, » pour me servir du langage du père Gratry, « la volonté libre en tout sens et absolument est une volonté toute puissante et toute sage actuellement, éternellement vivante en amour infini, de même aussi, dans le chrétien la volonté libre de l'homme se conformant à celle de Dieu doit devenir une volonté forte et sage, développée en amour grandissant. » C'est la charité qui, d'après saint Paul, renfermant toutes les vertus devient sainteté, dans son expression la plus complète, le courage, la modération, la justice, la force et autres dons du Saint-Esprit n'étant que des moyens de mettre en pratique l'amour de Dieu dans l'accomplissement de nos devoirs envers lui, envers nous-mêmes et envers nos semblables.

Dans le système d'Ahrens, la morale embrasse l'unité complexe de la vie, forme la trame de toute l'existence, puisqu'elle est le mode général de réalisation du bien, qu'elle comprend par suite dans son vaste cadre toute moralité et toute vertu. La volonté habituelle du bien, laquelle aurait en elle-même un caractère absolu, consistant en ce qu'on doit faire le bien pour le bien lui-même ne se diversifie pas moins, d'après l'auteur, selon les biens et devoirs principaux qui correspondent aux divers ordres. Il admet ainsi une vertu de religion (sainteté), une vertu de droit (justice), une vertu du beau et de l'art (esthétique). Le courage, la modération, la persévérance, tous les devoirs en un mot se rapportant à la manière dont nous devons exercer ou développer nos facultés, il les rattache à la morale. L'auteur ayant fait de la morale une sphère à part, la montre ainsi comme pouvant avoir des rapports particuliers avec les autres sphères ou buts. Mais en réalité ce morcellement de la moralité n'est qu'apparent et ne tient pas au fond du système. Par cela même que la morale est étroitement unie à la raison, ou pour mieux dire à l'absolu de la raison, la suprême expression de toutes les vertus se résume dans cette unique formule, faire le bien pour l'amour du bien ;

en ce sens l'homme devant faire ce qui est bien d'une manière absolue par le seul motif du bien, la morale revêt un caractère éternel, immuable. L'auteur en fait le moyen, l'instrument de la perfectibilité infinie. Il l'identifie dès lors avec la religion. Toutes deux, dans la logique du système, forment un tout indivisible sous le nom d'éthique. Celle-ci, servant de règle uniforme à l'activité libre de la raison, est ainsi érigée en vertu générale permettant à l'homme de se parfaire en établissant dans la science et dans la vie l'unité et l'ordre qui se manifestent dans tous les domaines de l'existence. Par suite, vu l'unité divine des buts naturels, elle trouve sa complète réalisation et se résume dans le droit, comme étant, selon le langage imagé de l'auteur, le *principe vivifiant de toutes les sphères d'activité, le ciment, le lien organique des rapports extérieurs qui ne sont en quelque sorte qu'un précipité des forces supérieures de l'homme, lesquelles se condensent dans la raison, la force ascensionnelle de nos facultés.*

L'activité n'est méritoire, dans le système rationaliste d'Ahrens, pour employer ses propres expressions, qu'autant qu'elle est rationnelle, que l'homme a su, en tout et toujours, se maintenir par la raison dans l'unité de son moi au-dessus de toutes les tendances partielles, tout dominer par cette force centrale en se guidant uniquement d'après le principe du bien ; et le degré de mérite ou l'état de la vie future se mesure et se règle successivement sur le degré de puissance que la raison a acquis dans le cours de l'existence présente ou antérieure. La liberté morale n'étant donnée que pour servir d'instrument à la raison et devenir liberté rationnelle, ne cesse jamais d'exister virtuellement en tout homme par cela même qu'il ne saurait détruire sa nature raisonnable, et la vie future lui donnera toujours le moyen de se dégager du mal ou de ce que l'auteur appelle les motifs vicieux, et de recommencer à tout moment une série nouvelle d'actes conformes au principe du bien. De ce point de vue Ahrens a pu dire à bon droit : *L'homme est jugé avant tout sur ce qu'il a voulu,* en tant que ces mots sont synonymes de ceux-ci, sur la manière dont il a voulu ou plutôt dont il a agi. Sa pensée évidente est de ne pas s'attacher exclusivement au résultat de l'acte, *à l'objectivité,* mais de tenir compte aussi de

la nature subjective de l'acte, lequel n'est complet et méritoire,
c'est-à-dire conforme aux principes de l'éthique, qu'autant qu'il
réalise subjectivement et objectivement un bien, si l'on peut ainsi
parler.

Dans le système chrétien, l'activité n'est méritoire qu'autant qu'elle aboutit explicitement ou implicitement par la
réception des sacrements, par l'impression de la grâce et des
mérites du Rédempteur, à l'amour de Dieu ; et l'homme peut
toujours, jusqu'au dernier moment, se racheter par un acte
d'amour. Le degré de mérite et l'état de la vie future se mesurent et se règlent en outre uniquement sur le degré d'amour
que l'homme a montré pour Dieu dans le cours de l'existence
présente ; et par suite, il pourra être tenu compte à l'homme des
désirs de sa volonté, lorsqu'il a été hors d'état de les réaliser
d'une manière effective. Le jugement divin embrasse toute la
vie morale de l'homme à partir du jour où il a réellement fait
acte de liberté. Chacun est puni ou récompensé selon l'usage
des facultés et grâces qu'il a reçues et relativement à la mesure
qui lui en a été départie et que Dieu seul peut connaître ; et
cette récompense consiste à l'élever au degré de gloire et
d'amour de Dieu adéquat à ses mérites, alors que la punition,
par un effet de la miséricorde divine, restant proportionnée à la
faiblesse de l'homme, est, dans la plupart des cas, temporaire (1).

Pour résumer ce parallèle, la morale revêt, dans le christianisme comme dans le rationalisme, un caractère divin ; mais
dans le second, c'est en un sens absolu en tant qu'elle est la loi
unique de perfectibilité à tous les états de l'existence actuelle et
future. Dans le premier, c'est en un sens relatif, en tant qu'elle
se relie à la religion, comme émanant de Dieu et se rapportant
à l'accomplissement de nos devoirs temporaires renfermés dans
l'ordre naturel, qu'elle constitue en d'autres termes la loi natu-

(1) Nous ne faisons ici allusion qu'au dogme catholique. Par cela même
que le protestantisme rejetait le purgatoire, il était logiquement tôt ou tard
conduit à rejeter les peines éternelles de l'enfer. De là il devait insensible-
ment glisser en partie sur la pente du rationalisme, et de même qu'il n'admettait qu'une punition temporaire, n'admettre aussi dans sa dernière
expression, par voie de conséquence, qu'une récompense successive et s'accomplissant dans le temps, c'est-à-dire perdre la vraie notion de l'éternité

relle de l'homme. La morale ne revêt son expression absolue, son caractère immuable qu'à son degré suprême d'union à la vraie religion et qu'autant qu'elle aboutit à la plénitude de l'amour de Dieu. Selon Ahrens, l'unité et la continuité divine des buts naturels implique une seule morale absolue. D'après l'idée chrétienne le dualisme de l'ordre naturel temporaire et de l'ordre surnaturel éternel distincts, il est vrai, mais reliés entre eux, de telle sorte que le premier serve de transition, de préparation au second, implique un double degré de la morale, la morale naturelle et la morale évangélique ou surnaturelle. C'est cette dernière que saint Paul appelait la loi de grâce ou d'amour par opposition à la loi de l'Ancien Testament servant de prélude, mais rendue inutile par l'autre qui la comprend implicitement. Cette morale surnaturelle, d'après laquelle nous conformons par amour notre volonté à celle de Dieu, a seule un caractère d'immutabilité. En ce sens elle sera aussi la loi de l'autre vie ; et c'est cet amour poussé au degré de puissance dont chaque homme se sera rendu relativement capable, qui, engendrant une plénitude de vie sans fin, remplira et dilatera à l'infini tout notre être. L'âme ne pouvant aimer sans connaître se trouve ainsi élevée par le degré d'amour qu'elle aura conquis sur la terre à une vision intuitive proportionnelle de Dieu et de ses infinies perfections.

Pour le simple spiritualiste chrétien, l'idée de la justice divine, laquelle ne saurait pleinement s'accomplir sur cette terre, implique inévitablement une continuité d'existence qui permette à l'âme de se régénérer et de rentrer dans la voie du bien pour poursuivre et atteindre sa destinée. Mais c'est là une immortalité vague et peu compréhensible de la personne humaine ; et s'il faut trouver une formule de cette immortalité successive, on ne saurait se reporter qu'aux doctrines de Jean Raynaud et de ses imitateurs (1). La vie future n'est alors

(1) Voy. le livre *Ciel et terre*, cet essai de conciliation des principes de la nouvelle école rationaliste avec l'idée chrétienne. Il y a lieu de s'étonner que M. de La Codre, tout en rejetant le dogme de la préexistence et s'efforçant de rester catholique dans son ouvrage : *De l'immortalité, de la sagesse et du bonheur*, ait cru pouvoir adopter la doctrine des épreuves successives pour l'âme. S'appuyant sur certaines conjectures du père Gratry,

qu'une continuation de la vie actuelle, un développement ultérieur des aptitudes et capacités acquises ici-bas. L'âme est ré-
putée, par suite, à chacune des étapes marquées sur la route
du ciel, se dépouiller du corps qu'elle avait pris, attirer à elle
les éléments nécessaires, et se faisant un organisme nouveau
pour de nouvelles destinées, se transformer elle-même avec un
nouveau corps (1). Ahrens nous paraît au fond se rallier à cette
doctrine, bien qu'il ne se prononce jamais nettement sur de
semblables questions et laisse peut-être à dessein sa pensée
enveloppée d'un voile.

Pour le vrai chrétien, l'idée de la justice infinie s'alliant à
celle de l'amour infini, implique au regard de Dieu non la nécessité, mais la possibilité du don de l'immortalité. Dieu ne devait rien à l'homme créé par un effet de sa libre bonté et qui
s'est laissé déchoir par sa faute de l'état de bonheur auquel il
l'avait destiné. Cependant, ayant voulu le racheter par une
immense miséricorde, il s'est uni librement à sa nature finie

qui suppose, à la fin des temps, un rassemblement de tous les astres à un
même point, il suppose que l'âme ne parviendra à ce soleil central de
l'univers qu'après une série d'épreuves pour jouir d'une béatitude parfaite
inaliénable.

(1) Ces idées ont été encore longuement exposées par M. André Pezzani
dans son livre : *La pluralité des existences de l'âme* (5ᵉ édit., 1866). L'auteur
appuie la préexistence des âmes et leur passage à des vies successives sur
deux points : sur le fait de l'inégalité des hommes sur la terre, sur l'incom-
patibilité avec la raison du dogme religieux de l'éternité de la peine imposée au coupable après une seule épreuve. Il admet une certaine force plas-
tique à l'aide de laquelle l'âme forme son corps et reforme son être nouveau
sur les éléments qu'elle a préparés. D'un autre côté, dans leur prodigieuse
diversité, les mondes célestes lui paraissent offrir, pour les multiples évolutions des renaissances, un champ d'expérience illimité.

L'ensemble du système peut se résumer dans les propositions suivantes :
Un nombre d'épreuves égal à celles qui sont nécessaires pour la guérison
de l'âme, la négation de l'enfer éternel, la préexistence, les vies successives,
le progrès dans la béatitude, le mouvement initiateur et incessant de la création sous la direction de Dieu.

Un tel ordre d'idées se rapproche beaucoup au fond du système de la
transmigration des âmes qui était connu des peuples de la plus haute antiquité, tels que les Indiens et Egyptiens, et adopté notamment par Platon
et l'Ecole d'Alexandrie.

pour la diviniser. Dès lors cette vie surnaturelle par laquelle Dieu se donne lui-même à l'homme est toute de grâce, et n'ayant rien de nécessaire, ne saurait se concevoir pour la raison sans le secours de la révélation (1), à l'opposé de la continuité de la vie naturelle dans les systèmes rationalistes. Cette communication de la vie divine qui s'opère par l'union à l'homme-Dieu, tout intime qu'elle soit, est, selon le langage du père Lacordaire, éminemment gratuite et demeure une grâce supérieure à la nature qui en est honorée. Dieu se donne à l'homme dans cette vie surnaturelle, non plus seulement pour le connaître à travers les créatures et le posséder autant que la nature raisonnable en est capable par elle-même, mais pour le voir, le posséder en lui-même et, vivant de sa vie, participer à son bonheur infini.

C'est donc par rapport à ces fins dernières, qui restent inso-

(1) Nul n'a mieux fait ressortir que le père Lacordaire la liberté des œuvres de Dieu et l'impossibilité de savoir ce qu'il aura fait ou n'aura pas fait autrement que par une révélation. Dans sa conférence 55ᵉ (voyez tome IV, p. 74 et suiv.), il peint en traits saisissants, dignes de Pascal, notre impuissance à pénétrer le secret de notre destinée par les seules forces de la raison. Ce passage mérite d'être cité tout entier : « Notre destinée n'est pas un phénomène présent à nos regards. Elle embrasse un passé qui nous est invisible, un avenir qui l'est également. Ce n'est pas non plus une loi appartenant à l'essence des choses, puisque nous pouvons être ou ne pas être, vivre un jour ou mille ans. Notre destinée est un rapport entre deux êtres libres dont l'un est fini et l'autre infini. Or comment rationnellement connaître la volonté d'autrui? Comment la raison verrait-elle intérieurement et nécessairement un acte qui peut être ou ne peut pas être ? Qui dira par exemple que l'alliance de la nature divine avec la nature humaine était métaphysiquement nécessaire ! Or, si elle n'était pas nécessaire, comment l'intelligence l'aurait-elle aperçue autrement que sous la forme d'une simple possibilité ! Et c'est la possibilité même qui fait le mystère : Me voici être vivant en face de l'éternité que mon esprit découvre tout autour de moi comme l'horizon naturel de mon être. Y suis-je pour une heure, un siècle, pour jamais? L'éternité, qui est mon principe, est-elle mon droit et mon but ? Si je voyais clairement que non, il n'y aurait pas de mystère. Si je voyais clairement que oui, il n'y en aurait pas davantage. Mais j'hésite entre le oui et le non, parce que tous deux ont leur possibilité. Qui lèvera le doute ? La raison ne le peut ; car elle ne le pourrait qu'en changeant le possible en nécessaire, ce qui serait absurde. »

lubles sans le secours de la Révélation, qu'éclate surtout le contraste entre la thèse rationaliste et la thèse chrétienne ; et la différence de ces fins rejaillit sur la religion et la morale, qui ne sont, nous l'avons vu, que les moyens de les atteindre, comme aussi sur les conditions auxquelles s'effectue, dans l'une et l'autre thèse, la pleine harmonie entre la raison et la liberté. Cette harmonie, qui s'obtient, pour le rationaliste, par les principes supérieurs de l'éthique, et pour le chrétien, par ceux de la foi venant éclairer et compléter la raison, est le but final posé à la vie d'ici-bas, le vrai trait d'union entre celle-ci et la vie future.

La religion et la morale régissent, dans le système d'Ahrens comme dans le dogme chrétien, l'ensemble de la vie humaine et l'embrassent dans son unité causale et finale ; mais tandis que dans le premier elles ont un caractère immuable, permanent, la raison ne pouvant jamais atteindre son suprême idéal, son dernier degré de perfectionnement, et qu'elles ne cesseront ainsi d'éclairer les diverses étapes qui composent ce voyage éternel de l'âme s'élevant de degré en degré vers l'inaccessible infini, dans le second elles n'ont plus de raison d'être, une fois la destinée accomplie et fixée pour toujours. Elles n'étaient qu'une règle pour la volonté, qui, une fois unie à son véritable objet, ne peut plus dévier. En ce sens, on pourrait dire que si, pour le rationaliste, la raison, dans l'ensemble infini de ses développements, est la fin, le but, tandis que la liberté ne serait que le moyen, l'instrument, pour le chrétien, la liberté dont le dernier effort est couronné par la possession de son divin objet serait la fin, le but, tandis que la raison et la foi qui la complète n'ont été que le moyen, l'instrument. Aussi le dogme chrétien enseigne-t-il que la charité seule subsistera dans l'autre vie, et cet amour divin qui ne pourra plus rencontrer d'obstacle et auquel répondra un degré de vision béatifique proportionné, l'âme ne pouvant aimer sans connaître, demeurera le triomphe éternel de la liberté des enfants de Dieu.

CHAPITRE VIII.

Pour déterminer le caractère et les limites du droit, il faut se
reporter à la destinée, à la vraie nature de l'homme. C'est ici
principalement qu'éclate dans tout son relief la puissante originalité d'Ahrens et que se montre, dans ses applications trans-
cendantes, toute la fécondité du principe organique.

Tout est ramené à l'assimilation de l'ordre spirituel et moral
à l'ordre physique dans lequel les divers domaines de l'existence sont liés entre eux par des lois nécessaires, se complétant mutuellement, témoin les règnes végétal et animal qui
présupposent le règne inorganique et trouvent leurs conditions
d'existence et d'accroissement l'un dans l'autre. En ce sens
l'auteur représente toute la vie humaine, depuis la personne
individuelle jusqu'à la vie collective des peuples, comme un
organisme dans lequel chaque partie, tout en ayant une vie
propre, doit se maintenir dans de justes rapports de coexistence avec les autres parties, et se développer en même temps
par un échange réciproque de services et d'influences bienfaisantes.

C'est par la raison que l'homme s'élève à la conception des
lois de l'harmonie universelle propres à être réalisées dans l'ordre humain, et partant à la connaissance du but à atteindre.
Le but assigné à l'activité de la raison dans le système d'Ahrens,
autrement dit à la liberté rationnelle, se confond avec celui du
droit lui-même. La liberté n'ayant pas d'autre mesure que la
raison, la règle de la liberté ou le droit n'aura non plus d'autre

but à atteindre que celui montré par la raison. Il doit donc s'établir entre l'activité rationnelle et le droit le plus parfait accord, qui, dans le langage de l'auteur et de Krause son illustre maître, se traduit par cette expression, *droit idéal ou rationnel*, ou encore, *droit uni à l'éthique*, à la science de la vie humaine organisée harmoniquement d'après le principe du bien.

L'horizon du droit s'agrandira donc ainsi indéfiniment du point de vue vraiment culminant où ils se sont placés, et s'étendra à toutes les sphères de l'activité humaine par l'application graduelle des principes de la raison. Le droit suit dans ses développements celle-ci, laquelle est appelée, pour me servir de leurs expressions, à réaliser la coordination parfaite de toute la vie individuelle et sociale, à embrasser par les principes infinis tout le domaine fini des choses et de leurs rapports. Les divers ordres de l'existence ou genres de biens reliés entre eux et ayant leur source en Dieu offrent, par suite, une matière inépuisable à nos facultés, et fournissent ainsi le vaste cadre de l'activité rationnelle. Voilà aussi le cadre du droit, tel que le conçoivent Ahrens et les autres rationalistes chrétiens.

La raison étant l'origine d'une série infinie de besoins, de biens et de buts pour l'homme, la cause de la perfectibilité infinie de toutes les facultés et de tous les rapports, le droit, qui doit toujours être l'organe et le fidèle reflet de la raison, sera, selon eux, éminemment progressif. Ils ne le restreignent donc pas, comme le font la plupart des purs rationalistes qui rejettent l'idée chrétienne, au règlement des rapports de l'homme avec ses semblables ou des rapports sociaux, ne réduisent pas son rôle à la conservation et au maintien de l'ordre social, se bornant à assurer le bien-être de l'homme dans cette vie. Il a, en réalité, à leurs yeux une sphère plus étendue. Erigé en régulateur universel, il doit diriger notre conduite non seulement envers nos semblables, mais encore envers Dieu, envers nous mêmes et vis-à-vis des être animés ou inanimés. En rapport avec toutes les branches de l'activité humaine, il en assure le développement normal, appelé qu'il est à déterminer, pour chacune de ces branches, la limite de droit de leur action dans leurs relations respectives et vis-à-vis de l'Etat lui-même.

De ce point de vue adopté non seulement par notre auteur et

les autres déistes marquants de l'école allemande, mais encore
par ceux de l'école italienne, la religion et la morale rentrent
dans le domaine du droit et sont sur la même ligne que les
autres sphères sociales. On les assimile aux autres buts de la
vie naturelle, qui, chacun envisagé à part et dans des rapports
à régler par le droit, auraient, à la fois, une face humaine et
une face divine. En ce sens, et à considérer la matière inépuisable qu'ils offrent à l'activité, ils doivent être poursuivis non
seulement ici-bas, mais dans une succession ultérieure de vies
sans fin. C'est là ce qu'entend Ahrens par le caractère universel
du droit qui implique l'unité divine des buts naturels.

Ces écoles paraissent avoir ainsi singulièrement agrandi les
horizons du droit en reculant ceux de la vie terrestre ou naturelle. On peut croire aussi que leur principe du droit, qu'elles
rattachent intimement à l'éthique, est plus propre à seconder
les progrès des sociétés. En assurant une poursuite plus active
des buts terrestres et en permettant d'y appliquer, de la manière
la plus large sinon exclusive, les facultés humaines, ce principe peut réaliser une civilisation matérielle plus parfaite.
L'homme est ainsi amené, comme le dit très bien Ahrens, à
amplifier le domaine de la nature, à en tirer de nouvelles
richesses par la combinaison naturelle des forces et éléments
physiques, à perfectionner, non seulement les qualités inhérentes à la personnalité, mais encore à agrandir et améliorer
les rapports qu'il entretient avec tous les ordres de l'existence.
Mais, en réalité, a-t-on trouvé là le vrai moyen de procurer le
perfectionnement moral? Le principe universel du droit qui tend
à absorber les influences vivifiantes de la religion et de la
morale, en les faisant rentrer l'une et l'autre dans son domaine
et qui supprime un idéal distinct de lui, est au fond moins
progressif que le principe qui maintient cet idéal en dehors de
lui. Dès l'instant que l'homme n'a d'autre terme à atteindre que
celui montré par la raison toujours de soi imparfaite, son progrès
est renfermé nécessairement dans les limites d'un but forcément
imcomplet, et la liberté rencontre des bornes qui arrêtent son
essor dans la voie du perfectionnement moral.

Ahrens n'aboutit, en dernière analyse, qu'à rétrécir son
horizon et à paralyser l'élan du progrès, en mettant l'éthique

au-dessus de la morale qui n'en forme qu'une partie dans son
système, au lieu d'être le tout final. C'est de la première, en
effet, que la seconde tire son efficacité et sa vie. Si la pureté
entière du motif suffit à ses yeux pour que l'acte soit moral,
l'acte n'est pas encore moralement bon ; il faut, pour cela, qu'il
réalise un bien, qu'il soit conforme aux principes de l'éthique.
Ce bien moral, inhérent au but rationnel de la vie humaine et
qui doit s'appliquer à toutes les actions, s'accomplir dans toutes
les branches d'activité, comprend un double élément : l'élément
subjectif de la moralité et l'élément objectif, autrement dit
une exacte adaptation de la volonté au but. Cette adaptation
présuppose la connaissance du principe organique, soit des
rapports généraux qui doivent exister entre les divers buts pour
que chacun soit réalisé en harmonie avec tous les autres. Elle
s'opère par le droit, dont la fonction propre est de les ramener
à se seconder mutuellement et d'assigner à chacun leurs limites
respectives, suivant les règles d'une juste proportion.

En poussant ici jusqu'à l'extrême les conséquences du principe organique analogue à celui qui régit la vie naturelle consistant dans une unité et une solidarité de fonctions dépendant
les unes des autres, n'arrive-t-on pas à frapper le droit d'immo-
bilité dès l'instant qu'une harmonie semblable à celle qui s'établit à un moment donné entre les diverses fonctions du corps
aura été obtenue ? Faire de la morale un pur mode de réalisation du bien et l'absorber dans l'éthique, la loi universelle de
l'activité rationnelle qui se résume dans le droit, instrument final
d'accomplissement de cette loi embrassant tout l'ordre temporel,
n'est-ce pas, en définitive, les stériliser et immobiliser l'une et
l'autre ? n'est-ce pas tarir la vraie source du progrès, en infir-
mant et détruisant tout l'idéal du droit? Ce serait rétrograder, en
un certain sens, vers l'antiquité où l'homme, privé ou déchu de
la connaissance de ses vrais rapports avec Dieu et non encore
éclairé par les lumières de la Révélation, voulait renouer directement la vie présente à la vie future par ses forces propres,
faire servir les institutions de la vie actuelle de moyens pour
atteindre le but de cette autre vie. Ce n'est plus, il est vrai,
comme dans l'extrême Orient, l'ordre religieux qui tend ici à
empiéter sur l'ordre juridique ou plutôt à l'absorber : c'est la

loi humaine qui tend à s'assimiler la loi morale et religieuse, non pour s'élever à sa hauteur, mais pour la mettre à son niveau. En unifiant les deux buts, le but de la vie naturelle par laquelle Dieu nous donne nous-mêmes à nous-mêmes, et le but surnaturel, par lequel il ramène à lui les êtres créés, Ahrens a été conduit à absorber la morale dans le droit; il nous paraît être ainsi entré dans une voie qui éloigne de plus en plus du principe chrétien.

La morale n'est pas seulement, dans le christianisme, un mode de réalisation du bien : elle a un objet propre et supérieur à celui du droit et de l'éthique; elle s'étend au delà du relatif et tend essentiellement de sa nature vers la réalisation effective dans la vie humaine du parfait, de l'absolu, de l'idéal divin. Le champ qu'elle ouvre à la liberté de l'homme est illimité, ses horizons infinis, depuis qu'elle a été intimement rattachée à la religion par ces paroles : « *Soyez parfaits comme mon Père est parfait.* » Source intarissable des sublimes dévouements ! Le vrai rôle de l'éthique, qui tient autant de la morale que du droit, c'est de servir, entre l'une et l'autre, de canal de communication qui apporte au droit, des éléments de fécondité et de vie toujours nouvelle. En ce sens, l'éthique peut se proposer un but de plus en plus élevé, chercher à accomplir la loi de perfection sociale, qui se formule dans cette autre maxime : « *Cherchez le royaume de Dieu et sa justice, et le reste vous sera donné par surcroît.* » Cette maxime de l'Evangile a été, est et sera toujours un puissant levier de progrès pour les sociétés humaines. Par sa vertu, tout le travail social que la loi humaine est appelée à régler se trouve rattaché à la morale, et celle-ci reste toujours la source de vie supérieure et divine qui doit alimenter toutes les autres, source jaillissant vers l'infini et dont les ondes, retombant sur la terre en bienfaisante rosée, fécondent le champ de l'activité humaine. D'un autre côté, c'est vraiment dans le christianisme que le sentiment moral arrive à son plus haut degré de perfection, ou, pour mieux dire, d'extrême pureté, puisqu'il s'unit au sentiment religieux au point de se confondre avec lui. Tous les deux, par essence, impliquent un désintéressement absolu. L'homme, nous l'avons vu, se rapporte tout entier à Dieu dans ses actes par la morale, comme dans l'ensemble de ses facultés par la religion. La morale et la religion s'unissant ainsi par un lien indivisible, ou pour mieux dire la morale religieuse, peut être comparée à une force de gravitation mettant en mouvement toutes les facultés de l'homme, toutes les sphères de sa vie individuelle et sociale et les emportant vers Dieu, le centre universel de toute activité.

En restant chrétiens et se pénétrant de la grandeur des destinées de l'homme auxquelles la vie terrestre sert seulement de préparation, les éminents jurisconsultes du dix-septième siècle, et notamment Domat, se sont élevés, à notre sens, bien au-dessus d'Ahrens. Leur doctrine, qui fait des liens que la société établit entre les hommes une nécessité non seulement de leur nature raisonnable mais de leur destinée dernière, nous paraît assurer bien mieux le progrès. Domat a su entrevoir cette vraie communauté spirituelle et d'ordre supérieur fondée sur l'amour, et il en jetait les fondements par ces admirables paroles : « Toute la loi consiste dans ces deux grands préceptes, de l'amour que les hommes doivent à Dieu pour s'unir à lui (et cet amour renferme celui que chacun se doit à soi-même pour se porter à cette union), et de l'amour qu'ils se doivent les uns aux autres pour s'unir entre eux et se porter tous ensemble à Dieu (1). » « Les hommes, » disait-il encore, « ne peuvent être dignes de l'union dans la possession de leur fin commune, s'ils ne commencent ici-bas leur union en se liant d'un amour mutuel dans la voie qui les y conduit. » Le progrès du droit consistera donc à faire entrer et à refléter de plus en plus dans ses institutions la charité chrétienne ; et ici Vico se rencontre avec Domat. On dirait que ces deux philosophes se sont mutuellement emprunté ces paroles : « Si nous aimons Dieu d'un amour sincère et intelligent, nous aimerons à cause de lui tous les êtres créés à son image, c'est-à-dire tous les hommes ; et si nous aimons réellement les hommes, non seulement nous nous abstiendrons de leur nuire, mais nous emploierons toutes nos forces à les servir. Nous les servirons dans leurs intérêts et dans leurs besoins ; nous voudrons leur procurer la vérité et la vertu, de même que le bien-être. » Voilà dans quel sens large

____

(1) Harangue prononcée en 1673.

ils comprenaient la justice : *suum cuique tribuere.* C'est donc
de la charité que Vico, s'élevant à la plus haute conception de
la solidarité chrétienne, fait finalement sortir l'harmonie nécessaire de nos droits et de nos devoirs, ou des droits de l'individu et de ceux de la société entière (1). Ce principe négatif du
droit romain, *neminem lædere,* a fait place à ce précepte positif de charité : « Sois utile à tes semblables, aime ton prochain. » L'idéal rêvé par ces grands jurisconsultes de l'école
stoïcienne, par Ulpien, Paul, Papinien, qui voulaient faire du
droit la science de l'honnête et du juste, l'art du bien et de
l'équité, *ars boni et œqui,* est en quelque sorte dépassé par les
dignes interprètes du droit chrétien. Ces derniers, cependant,
ne vont pas jusqu'à identifier le droit avec la morale et la religion. Ils s'attachent seulement à le mettre de plus en plus en
harmonie avec nos devoirs purement moraux et religieux. Le
droit, tels qu'ils le conçoivent, ne peut jamais, il est vrai, satisfaire entièrement aux devoirs moraux qu'implique la perfection intérieure de l'homme ; mais loin de les exclure, il n'atteint
sa vraie perfection qu'autant qu'il s'unit à la morale religieuse
et en subit l'influence vivifiante, de telle sorte qu'il serve
aussi indirectement à l'accomplissement de la fin supérieure de
l'homme.

Ahrens paraît moins rattacher la nécessité de la société et du
droit à la poursuite de la double fin de l'humanité qu'au développement des facultés rationnelles. Il fonde la communauté
sociale sur le besoin de se parfaire inhérent à la nature raisonnable de l'homme, et, partant, au fond sur l'intérêt, puisque, à
l'exemple de Leibniz, il fait rentrer le bien dans l'utile, admettant
que tout droit implique un bien, et réciproquement. Il est vrai
qu'en rattachant le droit à l'éthique, qui aurait une double
face ; une face objective, le droit lui-même, et une face subjective, la morale, il paraît assigner une fin supérieure au droit
dont l'accomplissement ne saurait se comprendre sans la vertu
par excellence du désintéressement, sans la volonté constante
de n'agir toujours qu'en vue du bien. Mais en ne faisant pas la
distinction salutaire entre ce qui est obligatoire comme prescrit

(1) Voir le dernier ouvrage de Vico : *De uno universi juris principio.*

par le droit et ce qui est de pur conseil comme ressortant de la morale et de la religion, il supprime le mérite de la liberté et du sacrifice personnel. Ce n'est pas tant sur l'individu et ses efforts pour avancer dans la voie de la perfection morale qu'il prétend fonder le progrès social, mais bien plutôt sur une ascension de la raison générale et sur la valeur des institutions.

L'Etat, le réalisateur du droit, ayant dans ce système la mission de maintenir tout le développement social dans une juste harmonie et d'assurer à toutes les branches de la culture et de l'activité humaine un libre jeu, n'absorbe pas sans doute, comme dans la doctrine hégélienne, l'homme et la société; mais il exerce nécessairement sur eux la plus grande influence. En considérant l'homme non pas tant dans son individualité que comme faisant partie d'un système de corporations et associations liées les unes aux autres dans les principales sphères de la vie et qui aboutissent à un centre commun, l'Etat, Ahrens restreint l'horizon des droits et des devoirs de la personnalité, les refoulant dans les limites du but temporel poursuivi. Le pouvoir de l'Etat s'en agrandit d'autant aux dépens des droits légitimes de la personne humaine qui est diminuée de tout ce que gagne ce pouvoir, alors qu'on l'érige en suprême régulateur des buts de la vie et qu'il est appelé à les régler harmoniquement, à s'interposer entre eux et à les renfermer dans leurs sphères respectives, de façon à ce qu'ils n'empiètent pas les uns sur les autres. Pour accomplir cette mission, l'Etat n'aura-t-il pas action sur les personnes individuelles ou collectives qui poursuivent ces buts, et n'en résultera-t-il pas une certaine atteinte à la liberté? N'est-ce pas un socialisme partiel qui est au fond du système rationaliste d'Ahrens, un socialisme *à priori*, mais subordonné au principe organique dans l'application? Il n'y a pas là cette continuité du progrès chrétien, indépendant de la forme politique et sociale, et dû uniquement au développement de la vertu individuelle.

Sans doute, grâce à sa distinction salutaire entre la société et l'Etat, dont il fait un organe à part dans le grand organisme social, l'auteur ne saurait être censé favoriser l'utopie socialiste d'après laquelle l'Etat serait seul distributeur des richesses, seul banquier, seul capitaliste, seul propriétaire, seul éducateur. Mais tout en combattant de semblables tendances, la concentration progressive de toutes les forces, de tous les principes de vie par l'Etat, il en étend singulièrement les attributions, s'éloignant radicalement, par une application de plus en plus large de la loi organique, de l'opinion qui ne voit en lui que le simple protecteur ou modérateur de la liberté.

D'un côté, en effet, il admet que le but de l'Etat ne saurait être fixé d'une manière exacte qu'en le concevant du point de vue de l'éthique et dans un rapport organique avec le but total de l'humanité; de l'autre, il règle la mission de l'Etat et la mesure de son action sur la connaissance de plus en plus complète des buts de la vie humaine, des moyens, forces et rapports qui doivent servir à les atteindre. Il va même plus loin : en le mettant ainsi en rapport avec toutes les branches de la culture, il demande à l'Etat de leur fournir, du côté de l'activité humaine, les conditions propres de développement, et de devenir ainsi le levier de leur progrès. Celui-ci doit, suivant ses propres expressions, « *Aider avant tout l'activité intellectuelle, morale et physique de tous les hommes.* » Qu'on pèse la force de ces mots, *avant tout,* alors qu'il n'est fait aucune exception pour la religion, la morale, la science : ne donne-t-il pas, en un certain sens, ici, la main à Hegel, qui proclame d'une manière absolue, l'omnipotence de l'Etat ? Et néanmoins, il faut le reconnaître, il ne va point jusqu'au bout de ce principe, tel qu'il vient de le formuler, et en tempère la rigueur par la doctrine de Schelling qui pose l'Etat comme devant être par excellence un tout harmonique, une belle œuvre d'art. Aussi, à l'exemple de cet illustre maître, est-il amené à attacher une grande importance aux institutions sociales, à faire de l'état une sorte de résultante de celles-ci, puisqu'il doit s'y adapter et régler sur elles sa sphère d'activité.

Repoussant la théorie qui rapporte au contrat l'origine et l'organisation de l'Etat, tandis que son véritable berceau est la famille, il se rattache aux lois organiques de l'évolution sociale, maintenant les grandes institutions qui se sont formées dans l'histoire; mais il leur donne en même temps une base plus large, et du point de vue de l'éthique, déterminant leur caractère constitutif, le met en accord avec les nouvelles qui doivent compléter ou régulariser le fonctionnement du corps social. La valeur ou le mérite de ces dernières s'apprécie, selon lui, par la mesure plus ou moins grande dans laquelle elles concourent à la réalisation de ce qu'il appelle le but d'humanité et facilitent l'accomplissement du bien à la fois divin et humain qu'implique un semblable but.

Mais en consacrant ici l'extension du principe organique, en multipliant les agents de la collectivité sociale, les corporations et associations reliées entre elles par les liens d'une solidarité croissante, Ahrens nous paraît faire une trop grande part aux intérêts de cette collectivité. La latitude laissée aux divers organismes qui se rattachent et aboutissent à leur unité centrale, l'Etat, est même bien restreinte, alors que celui-ci, peut, à l'instar du médecin, en accélérer ou ralentir la vie suivant qu'il y aura dépression ou surexcitation. Le rôle de la personnalité se trouve, en outre, singulièrement amoindri par la fonction vitale particulière qui lui est assignée, en tant que cette personnalité se réduit, en quelque sorte, à l'une des molécules composant ces organismes. L'idée de contingence ne se comprend guère plus dans une semblable organisation sociale et fait place à l'idée de déterminisme, de loi absolue et fatale, à laquelle obéit le jeu de toutes les fonctions.

Sans doute, l'Etat reste un organe distinct dans le grand corps social comprenant toutes les sphères de vie qui, bien que reliées entre elles, sont appelées à avoir un développement propre et une indépendance relative ; mais par cela même qu'il a pour mission de régulariser et d'harmoniser entre elles les fonctions de ce vaste organisme, d'établir par suite entre la vie individuelle et la vie collective une réciprocité d'influence et une solidarité toujours plus grande, ne doit-il pas exercer une action directrice sur la personne humaine, et lui procurer les moyens d'accomplir sa destinée propre en réglant, de la manière la plus sage, l'emploi de ses facultés en vue du but général à atteindre, du but humanitaire ? Ce but ne peut être régulièrement poursuivi, et la cause du progrès, ainsi assurée, que par le développement harmonique de l'activité physique intellectuelle et morale de tous les hommes qui, chacun pour sa part, doit concourir, dans une mesure plus ou moins grande, à le réaliser. Dans une semblable organisation sociale, l'individu n'a donc pas en réalité de but de perfection propre qu'il lui soit donné d'atteindre par l'unique effort de sa liberté. Se devant à la société dont il est membre, et ne trouvant sa fin ni en lui-même, ni dans un ordre supérieur à l'ordre humain, il ne jouit pas d'une véritable autonomie. Sa vie est parquée dans je ne sais quel cadre plus ou moins élastique que comportent la corporation ou les corporations dont il fait partie. Les lois qui doivent régir celles-ci dans leurs relations entre elles et avec l'état, le pouvoir disciplinaire de plus en plus étendu qu'elles exerceront sur leurs membres font que, même en ce qui concerne le perfectionnement moral, tout élan de spontanéité propre est comprimé pour les individus qui suivent en un certain sens fatalement le mouvement général, et ce mouvement est finalement imprimé par l'Etat, lequel, comme formant le couronnement de la construction organique du corps social, est à la tête de toutes les corporations, qui sont comme autant d'organes de ce corps. De ce point de vue, l'Etat a pu avec raison être assimilé par l'auteur à une sorte de principe vital moyen, soutenant l'âme comme le corps, constituant en un mot l'unité de vie et animant le tout. Cette assimilation est d'autant plus logique que par l'union du droit à l'éthique, l'Etat, se pénétrant de toutes les forces vivifiantes qui en découlent, régit le double ordre spirituel et matériel, les rattachant par les liens de la plus étroite dépendance.

C'est ici qu'éclate la différence de principe la plus marquée entre le dogme chrétien et le dogme rationaliste. Tandis que dans le premier l'union entre les deux éléments, la matière et l'esprit, s'opère par la subordination complète de l'un à l'autre, dans le second elle s'opère sur un pied complet d'égalité, et c'est l'harmonie la plus entière qu'il s'agit d'établir entre eux. L'opposition entre la nature et la liberté, laquelle n'est qu'apparente, se résout, nous l'avons vu, dans la finalité supérieure de la raison; la loi chrétienne proclame au contraire, depuis la chute originelle, comme unique solution, le triomphe absolu de la liberté. Arriver à cet état de liberté spirituelle et morale, d'union à Jésus-Christ, où toutes les facultés sont pleinement soumises à Dieu, l'être par soi et infiniment libre, et se dégagent en ce sens comme par anticipation des infirmités de la chair, des faiblesses et incertitudes de la volonté, voilà le dernier terme du perfectionnement individuel que l'Eglise appelle sainteté : voilà aussi la dernier terme du perfectionnement social qui répond à la mesure plus ou moins grande dans laquelle les hommes, pris en masse, se rapprochent de ce type idéal. Dans les diverses conditions où il se trouve placé par la Providence, le chrétien dont l'activité se manifeste au dehors et dans la vie sociale par un amour croissant de Dieu et de ses semblables, remplit le mieux la loi de justice, et c'est en ce sens qu'après saint Paul, qui a fait entendre que « *la piété est utile à tout,* » on a pu poser cette règle générale, que travailler pour le ciel c'est assurer le plus efficacement son bonheur sur la terre.

La nécessité de ramener toute son activité au bien moral et religieux est aussi proclamée par Ahrens : mais ce bien revêt chez lui un caractère abstrait en quelque sorte et qui cadre avec le caractère impersonnel de la raison. Ce n'est pas la vraie loi de la vie obéissant à sa spontanéité propre et telle qu'elle a été promulguée par le Dieu vivant. Il suffit à l'homme de parvenir, par une activité rationnelle croissante, à cet état où il s'appartient à lui-même, où il a soumis toutes ses facultés à la raison, de réaliser en un mot, dans sa vie intérieure et extérieure, le type du sage de l'antiquité en se retranchant dans le sanctuaire du moi spirituel inaccessible aux troubles du dehors. Voilà, dans la doctrine rationaliste, le dernier mot du progrès individuel ; mais cette vertu froide du stoïcien répond-elle aussi bien que les vertus chrétiennes à la destinée sociale de l'homme fait pour vivre, non pas seulement avec ses semblables, mais pour ses semblables ? Cette raison inflexible, qui se traduit dans le pur droit et qui est l'unique règle de la conduite individuelle, selon Ahrens, remplacera-t-elle jamais ces élans spontanés de la charité qui ne connaît pas de limites et devant laquelle s'élargit indéfiniment le domaine de la liberté ? Les merveilleux effets de la loi évangélique d'amour dans son application au gouvernement des sociétés et qui doivent se faire sentir surtout dans le régime familial et communal peuvent-ils être comparés à ces extensions de la loi organique ou de la science économique dont il faudrait attendre le progrès social ? Sous ce dernier rapport même et à considérer le besoin de semblables extensions, il faut reconnaître que l'idéal du droit ne saurait être invariable dans les systèmes rationalistes. Il se modifie nécessairement au fur et à mesure du développement rationnel. L'humanité est, par suite, incertaine dans sa marche et sujette à des oscillations qui peuvent retarder ou accélérer à contre-temps le progrès social.

Il n'en est pas de même dans le dogme chrétien qui, seul, implique en réalité la primauté de l'ordre moral supérieur, maintenu comme idéal distinct avec son sublime couronnement, la loi de charité, mais vers lequel l'ordre terrestre peut s'efforcer de monter de plus en plus. Ainsi s'explique comment ce dogme s'est prêté, dans ses larges et primitives interprétations, à la formation d'une communauté idéale, telle que celle établie entre les premiers chrétiens. La perfection morale de cette communauté essentiellement libre et sur laquelle doivent se modeler, autant que possible, les sociétés, répond au type immuable posé par la révélation divine, laquelle, comme un phare dont la lumière est indéfectible, peut éclairer tous les horizons de l'avenir. Cette révélation sert de critérium suprême à toutes les législations civiles dont le progrès consiste précisément à s'en approprier de plus en plus les préceptes.

Pour le chrétien, en un mot, la liberté est le grand levier du perfectionnement moral, et par suite, du progrès social. La réalisation du droit idéal n'est attendue que de cette convergence de tous les efforts vers le développement de la loi chrétienne, qui fera de tous les hommes les membres d'une seule et grande famille où doivent régner la paix, l'union, la justice et la charité. Le Christ a posé, dans l'Evangile, les fondements de cette cité idéale qui peut déjà commencer sur la terre et ne s'achèvera que dans le ciel. Les hommes, ne faisant librement plus qu'un en Jésus-Christ et en Dieu, voilà, au sens chrétien, l'apogée du progrès humain : et cette formule suprême de la loi finale de notre existence terrestre, laquelle se relie ainsi à l'autre, qui n'en est que le plus haut point de développement, nous paraît bien supérieure à la formule rationaliste qui fait du couronnement de l'ère humanitaire à l'aurore de laquelle on voit poindre un immense despotisme le dernier terme du progrès.

CHAPITRE IX.

Fondée par celui qui a pu dire : « *Le ciel et la terre passeront,
mais mes paroles ne passeront pas*, » l'Eglise catholique a été
appelée par Dieu à gouverner l'humanité et chargée de la conduire au terme de ses destinées. Véritable Eglise du miracle,
puisqu'elle en est la réalisation permanente dans l'ordre physique et dans l'ordre moral, et que, non contente de conserver
la notion du surnaturel divin, elle l'implante en quelque sorte,
au sein de l'humanité, elle s'appuie sur la force de Dieu même
régissant le monde par son Christ. C'est dans son sein, en effet,
que, pour accomplir les lois providentielles de miséricorde ou
de justice, se produit le miracle proprement dit, lequel, semblable à l'éclair, manifestation instantanée sur un point donné
d'une force universelle répandue dans l'espace, traduit, d'une
manière irréfragable à tous les yeux la toute puissance divine.

Défiant les puissances de la terre, elle est et restera toujours
l'afffrmation par excellence de la liberté morale de l'homme ne
voulant dépendre que de Dieu. Sous ce double rapport, comme
génératrice éternelle du miracle ou du divin et conservatrice
de la liberté, elle se pose comme l'antithèse du naturalisme
absolu ou mitigé qui asservit l'homme aux lois fatales de la vie
organique ou tout au moins le renferme pour toujours dans les
limites d'une destinée purement temporelle et impliquant de
soi, dans tous les cas, l'identité du naturel et du divin. Elle est
même la plus haute expression de l'extranaturalisme, si l'on

peut s'exprimer ainsi, empruntant à la vie divine elle-même sa puissance vivifiante, laquelle s'exerce sur l'élément naturel dans le sacrement, mais en dehors et au-dessus de la nature, en la transformant et lui donnant de produire des effets en dehors et au-dessus d'elle. C'est cette même action sacramentelle, qui a pour résultat final ou extrême d'engendrer des saints, c'est-à-dire des hommes qui s'élèvent au-dessus de leur condition terrestre, au point qu'ils n'ont moralement plus rien qui tienne de la terre et, ne vivant par anticipation que de Dieu et pour Dieu, s'offrent comme victimes à sa justice ou puisent en lui cet amour infini pour l'humanité, lequel se répand sur elle en innombrables bienfaits.

Ne regardant en tout homme que Jésus-Christ à créer, l'Eglise catholique est, par excellence, toujours et partout, l'unité de puissance d'action et de but, seule digne d'être appelée une et universelle. Tout ramener à l'unité véritable de vie est son œuvre finale. En ce sens, elle ne saurait poursuivre la réalisation d'une unité forcée, factice ou inerte, d'une unité matérielle ou extérieure ; c'est l'unité morale, l'unité des volontés et des cœurs qu'elle fonde. Sans pouvoir se dégager complètement des rapports du temps, des nécessités de l'élément multiple et varié de la nature humaine, elle se meut néanmoins toujours dans une sphère spirituelle. Etant dès l'origine en pleine possession de son type, de son idéal que contient la révélation divine, laquelle est parfaite, immuable, non soumise au changement et au progrès, elle est seule capable de réaliser une société parfaite. Le mal et le désordre qu'elle est destinée à combattre à toutes les époques de son histoire et d'où son divin fondateur se plaît le plus souvent à tirer le bien et l'ordre deviennent pour elle l'occasion de ses plus beaux triomphes. Sûre de sa route, elle ne se détourne jamais du vrai chemin qui doit conduire l'homme à sa fin suprême et fait, en dépit des déviations de la liberté humaine, converger tous les efforts vers l'unité de but et de vie.

Organisation vaste comme le monde, elle agit et se meut de siècle en siècle avec fermeté, égalité, constance, tendant toujours au même objet sans se laisser arrêter par aucun obstacle. Elle ramène ainsi à un point fixe, à un même centre, toute l'activité humaine disséminée dans le temps et dans l'espace. Miroir réflecteur de l'infini, elle rassemble et concentre en un seul foyer d'amour toutes les âmes semblables à autant de rayons qui cherchent à se répercuter.

A la fois visible et invisible, unissant par les liens les plus étroits la religion à la morale, laquelle dépasse les horizons terrestres, et, grâce à la loi d'amour et de liberté, tend à la réalisation indéfinie du divin, elle est une force de vie ascensionnelle de tout l'ordre moral et social servant en même temps de principe et de fin à l'activité humaine. Interprète et gardienne permanente des prescriptions de l'ordre moral supérieur qu'elle maintient comme idéal distinct, mais vers lequel l'ordre terrestre peut s'efforcer de monter de plus en plus, elle doit conserver une indépendance absolue et la plénitude de son autonomie. Elle ne saurait autrement exercer sa légitime influence sur la législation et remplir sa mission propre de moralisation à l'égard des pouvoirs de l'Etat. Pour atteindre ce but, elle fait sentir son autorité dans la sphère des sciences morales et philosophiques, qui ne doivent ni être séparées ni se rendre indépendantes de la révélation divine, et elle impose à la raison humaine les règles infranchissables qu'implique la nécessité de la foi. De la sorte elle concourt puissamment à la guérison des plaies sociales et peut servir d'appui à la souveraineté temporelle pour arrêter les progrès de l'égoïsme ou de la corruption des mœurs et pour obvier à l'anarchie morale et intellectuelle.

N'étant renfermée dans les limites d'aucun état particulier, et comme société des âmes embrassant l'univers tout entier, elle se gouverne par ses propres lois et jouit des droits propres dont l'a dotée son divin fondateur. Elle doit donc être fortement constituée pour pouvoir résister, humainement parlant, aux entreprises de l'Etat, qui, à mesure que s'accroissent ses prérogatives, tend à la subalterniser. Elle n'a de rapports avec lui qu'en vue de s'assurer les moyens d'agir pour le salut des âmes et d'élargir sa sphère d'action, de manière à ce qu'il lui soit donné de plus en plus de sanctifier la vie, de moraliser l'homme et la société. Faisant une juste part à l'élément naturel qu'elle transforme par sa vertu vivifiante en le faisant servir de

base, de support au surnaturel, elle s'efforce en ce sens incessamment d'équilibrer dans une juste mesure les destinées temporelles de l'homme et sa fin éternelle surnaturelle. C'est en vue
de cette fin qu'elle demande à l'Etat de lui prêter son concours
en travaillant, par les institutions, à en faciliter la poursuite et
l'obtention, promettant et assurant en retour à la société cette
paix intérieure qui se prête à tous les véritables progrès dans
l'ordre moral et matériel.

Ses relations avec l'ordre temporel ont un caractère essentiellement variable par cela même que celui-ci est sujet à tous
les changements qu'implique l'instabilité des choses humaines.
Prenant forcément l'Etat tel qu'il est aux diverses époques de
l'histoire, elle proportionne son action aux besoins et nécessités
de ces époques, aux traditions et influences du milieu social
où elle vit. Elle n'est pas toujours libre de prendre tel où tel
moyen répondant le mieux à l'essence absolue de la vérité, aux
lois de l'ordre de grâce et du surnaturel. Elle est amenée à se
préoccuper avant tout de l'efficacité du moyen, s'efforçant de
sauver, à chaque période du temps qui lui est mesuré, le plus
grand nombre possible d'âmes. Ce n'est qu'à la lumière de
l'unité de but qu'elle poursuit, laquelle implique l'emploi suc-
cessif des moyens les plus propres à l'atteindre, qu'il est possible de comprendre le double aspect de son activité, le côté
relatif et par où elle touche aux choses humaines et temporelles,
pour en tirer ses conditions d'existence et d'action, et le côté
absolu par où elle touche à l'ordre divin ou surnaturel. Sous ce
dernier rapport, elle embrasse tous les temps et tous les lieux
dans son unité et universalité d'action. Elle ne vit pas seulement dans le présent, mais dans le passé et dans l'avenir; que
dis-je, elle vit dans ce futur qui n'aura point de fin et unit le
temps à l'éternité. Elle apporte sur la terre cette vie surnaturelle qui ne saurait finir, étant celle même du Christ. L'Eglise
militante d'ici-bas est déjà réellement unie à l'Eglise céleste ou
triomphante, puisqu'elle est destinée à commencer le ciel sur la
terre, à établir ce royaume de Dieu qui sera sans fin, s'étendant d'éternité en éternité.

En regard de l'Eglise catholique, peut-il y avoir une autre
Eglise présentant le double caractère d'unité et d'universalité,

relevant directement de Dieu et ayant une sphère distincte de celle de l'Etat ou du gouvernement temporel ? La réponse négative ne saurait faire l'objet d'un doute. La dualité de pouvoirs et de gouvernement implique deux sociétés et deux buts à atteindre. L'Etat et l'Eglise ne se comprennent qu'autant qu'ils forment deux régulateurs aussi nécessaires l'un que l'autre de l'activité humaine, qu'il y a, en un mot, deux buts distincts, l'un se référant à l'existence terrestre, l'autre à la vie religieuse et morale qui fait entrer l'homme en communion avec Dieu et se relie à la vie future. Peu importe que les deux buts soient entre eux dans un rapport de subordination, par suite de l'union intime et nécessaire entre l'ordre naturel ou purement humain, et l'ordre surnaturel ou divin. Il n'en est pas moins vrai que, pour le maintien de ce dernier ordre au sein de l'humanité, une intervention ou une assistance divine permanente apparaît comme nécessaire.

L'Eglise véritable, nous l'avons vu, vient de Dieu et ramène à Dieu. Elle est la dépositaire des enseignements de la révélation, et en même temps, dans l'ordre théorique et pratique, la gardienne du surnaturel et de l'unité de foi. Une Eglise, faite pour tous les temps et pour tous les lieux ne se conçoit qu'autant qu'on en reconnaît l'unique et divin fondateur. La notion de l'élément miraculeux, du transcendantalisme de la Révélation est-elle obscurcie ou compromise, on entre dans la voie qui mène au christianisme naturel ou rationnel, au christianisme qui, faisant abstraction de Dieu et se rapportant uniquement à l'homme, implique l'unité de la destination terrestre et ultra-terrestre.

C'est là qu'est arrivé Ahrens, conduit d'ailleurs par la logique de son système, qui ne posait point de limites à l'extension, du principe organique. Supprimant au nom de l'unité divine de la vie humaine la distinction entre l'ordre naturel et l'ordre surnaturel, il met la religion sur la même ligne que la science, l'art, l'industrie, etc. Les deux pôles de l'activité, correspondant d'une part à l'élément terrestre et de l'autre à l'élément divin de l'existence, ne font qu'un à ses yeux. Met-il tout au moins l'Eglise sur la même ligne que l'Etat qui n'est qu'un organe distinct dans le grand organisme social comprenant toutes les sphères de vie reliés entre elles? non : il la subordonne plutôt à l'Etat, au sein duquel elle est au même titre que les autres buts de la vie. Celui-ci n'est-il pas en effet censé supérieur, comme souverain régulateur de ces buts dont elle fait partie, comme pouvoir appelé à les régler harmoniquement, à les renfermer dans leurs limites respectives, de façon à ce qu'ils n'empiètent pas les uns sur les autres? Tout au plus pourrait-on les mettre sur le même niveau en se fondant sur certaines vues émises par l'auteur, alors qu'il oppose l'ordre moral et religieux à l'ordre civil, et qu'il fait ressortir l'influence moralisatrice que pourrait avoir l'Eglise par rapport à l'Etat. L'Eglise et l'Etat seraient d'égale institution divine, de telle sorte que la première ne serait point en droit de revendiquer pour elle seule une direction divine particulière. Mais, appelés à s'unir de plus en plus par les liens les plus étroits pour mieux concourir, par cette union, à l'accomplissement des fins suprêmes de l'homme, il est inévitable qu'ils formeront, par la suite, un tout indivisible, l'un répondant à la religion, et l'autre à la morale. Le second ne fera qu'appliquer dans les ordres sociaux les principes fournis par la première.

Cette union aboutit ainsi logiquement à un Etat revêtu du double caractère spirituel et matériel, à la fois divin et humain, pour correspondre à l'unité divine des buts de la vie. Cet Etat, ainsi conçu sous son côté idéal ou en tant qu'arrivé à son apogée, doit donc finir par absorber l'Eglise dont l'action deviendrait sans objet, une fois qu'il aura reconnu tous les principes de la morale sociale.

L'auteur ne nous paraît donc point être allé jusqu'au bout de ses principes et avoir su en dégager l'extrême conséquence, quand, devançant les temps et se reportant à une ère finale de pleine harmonie, il croit pouvoir maintenir l'Etat et l'Eglise comme étant les deux pôles de toute activité également nécessaires au progrès social. Dans la logique du système, la religion et la morale, indivisiblement unies, régissent, sous le noms d'éthique, l'activité rationnelle dans ses diverses branches, et l'éthique, à son tour, a pour instrument de réalisation le droit dont elle est le principe vivifiant. Donc l'Etat, qui est l'organisme social du droit vivifié par l'éthique, embrasse dans son vaste cadre le but

humain et rationnel sous sa double face. Il s'agit ici uniquement
de l'Etat idéal et arrivé à son apogée de perfection qui permette
à l'éthique d'y trouver sa plus complète expression. La religion
et la morale, ou les deux réunies, n'ont plus besoin alors d'un
organisme séparé, tel que l'Eglise qui les représente. A supposer qu'un semblable Etat applique exactement les principes de
l'éthique dans l'ordre juridique et social, qu'il détermine par
eux les limites dans lesquelles doit se renfermer chaque sphère
de l'activité, on ne se rend guère compte du rôle qui pourrait
être assigné à l'Eglise.

Ces conceptions *à priori* trouvent en pratique une éclatante
vérification dans la réforme religieuse et la création des Eglises
nationales qui en a été la conséquence. Ces Eglises, n'ayant plus
d'autonomie réelle, durent se soumettre presque entièrement à
l'Etat, qui tendit à se poser comme l'unique pivot de l'ordre social.
Vainement, pour échapper à cette dépendance, adoptèrent-elles
un régime intérieur semblable, soi-disant, à celui des premières
communautés chrétiennes. La constitution synodale dans laquelle furent détruits les intermédiaires admis dans le passé
entre l'homme et Dieu ou le Christ, l'unique médiateur, n'obvia
point à cette multitude d'oppositions, de divergences radicales
qui, par suite du principe absolu de libre examen, durent inévitablement se produire dans le domaine religieux. Des essais
de conciliation propres à assurer l'unité de foi furent impuis-
sants. Le rétablissement de l'accord entre les principales confessions chrétiennes poursuivi dans le passé, et qui l'est encore aujourd'hui, reste impossible avec le rationalisme chrétien,
qui est la dernière et indestructible forme du protestantisme.
En ce sens, la Réforme dans le sein de laquelle ne tardera pas à
prévaloir définitivement le christianisme libéral, ne sera plus
représentée que par des écoles philosophiques religieuses en
recherche de la suprême vérité. Les choses en sont arrivées au
point que l'union entre les diverses confessions est considérée
par les chefs de ce protestantisme comme peu désirable et contraire à l'intérêt de la vraie religion (1). Dans ces conditions,

(1) Cette opinion, qui, au point de vue religieux, paraît au premier abord
paradoxale, est très sérieusement soutenue, principalement par M. Schenkel

l'Eglise n'est plus évidemment conservée que de nom et se réduit à n'être que l'un des pouvoirs de l'Etat. Par suite, lorsque, comme, dans les Etats despotiques, le souverain temporel cumule tous les pouvoirs, il devient en réalité le chef de la religion, appelé à statuer sur toutes les matières d'ordre religieux et à nommer tous les fonctionnaires de cet ordre. C'est là le dernier aboutissant de la condition des Eglises nationales. Elles se fondront de plus en plus inévitablement dans l'Etat et finiront par perdre toute autonomie.

Cette pluralité d'Eglises nationales rivalisant entre elles dans l'application de plus en plus large des principes de la morale évangélique, apparaît à l'auteur comme pleinement conforme au plan divin et étant dans l'ordre de la Providence. Il n'en poursuit pas moins, comme l'idéal de l'avenir, l'unité, sinon extérieure, du moins spirituelle et morale des Eglises, leur communion dans la charité, comme s'il pouvait y avoir une vraie communion entre les âmes sans un lien de foi qui les unisse, c'est-à-dire sans l'unité même de l'Eglise.

Par sa tendance marquée à restreindre de plus en plus la part du dogme pour faire prévaloir uniquement le précepte effectif de l'amour, Ahrens nous paraît ménager le passage du rationalisme chrétien au pur rationalisme. Ces deux doctrines se tiennent par de nombreux liens et ne se séparaient jusqu'ici que par un seul point, l'admission de la divinité du Christ et des dogmes fondamentaux. Cette barrière étant aujourd'hui renversée par le christianisme libéral, force est de se demander à quelle limite s'arrête le déisme chrétien. La foi en la personnalité de Dieu, au Dieu vivant et conscient de l'Evangile dont la Providence universelle et la loi de justice régissent le monde, est le seul point qui nous paraît encore séparer le rationalisme chrétien tel que celui d'Ahrens, du pur rationalisme. Ce dernier se caractérise par cette unique affirmation que l'homme trouve en lui-même la loi de sa destinée, de son perfectionnement propre, loi qui est censée inhérente à son être spirituel. Cette loi, qui renferme implicitement tous les développements ultérieurs de l'ordre moral et spirituel, n'émane point d'un législateur hors de l'homme. La causalité humaine est-elle en rapport avec une causalité suprême? question résolue par la négative ou tenue tout au moins pour oiseuse, puisqu'il ne saurait y avoir de lien de dépendance où de subordination entre l'une et l'autre causalité.

Les rationalistes qui maintiennent un ordre moral religieux fondé purement sur la croyance au Dieu personnel ne songent point d'abord à former une Eglise dans le sens véritable du mot, puisqu'ils se montrent partisans, témoin Ahrens, de la pluralité des Eglises. Il s'agit pour eux uniquement, tout en maintenant ses bases et ses divers organes, de réformer l'Eglise chrétienne et de lui assurer une certaine autonomie en s'efforçant de réaliser une pleine harmonie entre elle et l'Etat. Utopie vainement poursuivie, dès l'instant que tous deux doivent se rencontrer sur le même terrain, et qu'ils n'ont point en réalité de but différent, l'un comme l'autre devant travailler à réaliser le progrès social le plus grand possible. L'Etat idéal, l'Etat à son apogée de perfection, n'absorbera-t-il pas nécessairement un jour l'Eglise au nom même de l'unité divine des buts naturels? Ce n'est donc pas là un essai véritable de former une Eglise indépendante de l'Etat ou même supérieure. C'est le rationalisme qui, sous la forme indécise et dans le cadre élastique du positivisme, présente la première tentative de ce genre.

Il n'est pas sans intérêt de rapprocher ici ses doctrines de celles du déisme chrétien, notamment du système organique d'Ahrens, et de faire ressortir les profondes affinités qu'elles présentent.

CHAPITRE X.

L'école positiviste, qui aujourd'hui compte de nombreux adeptes dans tous les pays et de puissants organes de publicité,
essaie de séparer dans l'homme la pensée de l'action. Elle fait
rentrer tout ce qui se rattache à la science et à la moralité dans
le ressort de ce que son fondateur appelle le pouvoir spirituel,
tandis que le pouvoir politique, par opposition à l'autre, s'ap-
pliquerait aux actes à accomplir. Cette distinction faite par
Auguste Comte peut paraître chimérique. De quel droit, en effet,
le pouvoir moral ou spirituel serait-il séparé du pouvoir politique proprement dit? Dans ce système, où la question d'immortalité et de vie future est mise à l'écart aussi bien que l'existence de Dieu comme cause personnelle et distincte du monde,
la morale présente un cachet encore plus positif ou scientifique
que dans le déisme qui maintient la croyance en la personnalité
de Dieu, et, par suite, la probabilité d'une autre vie. Elle ne
saurait, dans tous les cas, revêtir un caractère idéal ou absolu,
ne s'étendant pas au delà des horizons de l'existence terrestre.
Dès lors le positivisme envahit tout nécessairement, la pensée
et l'action. L'homme n'ayant pas d'autre destinée que celle
d'ici-bas, à quoi servent deux pouvoirs? Ils ne peuvent agir
dans une sphère propre; partant, ils sont réduits à se confondre. L'un ne saurait s'appliquer restrictivement aux idées et
aux mœurs sans s'appliquer aux actes qui en sont les conséquences. On ne comprend deux pouvoirs qu'autant qu'il y a

deux buts à atteindre, fussent-ils même subordonnés l'un à l'autre, la subordination impliquant simplement une harmonie entre eux, mais excluant la confusion.

La distinction d'Auguste Comte nous paraît donc irrationnelle. Il essaie en vain de la justifier en parlant d'une influence croissante de la vie spéculative sur la vie active pour en faire deux sphères distinctes, ou du moins pour que l'une et l'autre puissent avoir une direction et une culture distincte. C'est encore là une chimère, si ces deux vies ne forment qu'une unité et qu'elles soient absolument indivisibles. D'ailleurs, n'est-ce pas une sorte de contradiction, dans les vues du chef de l'école, que son admission d'un pouvoir spirituel distinct? Celle-ci semble n'être qu'une concession aux nécessités du maintien de l'ordre moral et répugner à l'essence de sa doctrine, vu l'acharnement avec lequel il combat le règne de la philosophie, le règne de l'esprit, qualifié par un de ses principaux disciples, M. Stuart Mill, de *pédantocratie*. Il en fait implicitement l'aveu et découvre le fond de sa pensée, quand il dit (1) que *tout ce qui, dans la vie réelle, comportait au moyen âge l'action spirituelle, donnerait lieu pareillement à une équivalente intervention* du pouvoir spirituel. *La légitime suprématie sociale*, ajoute-t-il, *n'appartiendra ni à la force ni à la raison, mais à la morale, qui sera en quelque sorte une limite idéale du mouvement individuel et social*. Education, enseignement, voilà, avant tout, la double tâche qu'il confie à son *pouvoir spirituel*. Le rôle de celui-ci dans l'ordre politique n'est qu'accessoire et se réduit à une influence de conseil, de même qu'à son tour le pouvoir politique n'a que voix consultative en ce qui touche l'éducation. Tous ses efforts pour séparer les sphères des deux puissances et leur faire une part distincte ne sauraient guère être pris au sérieux, à cause de la prépondérance qu'il assigne au pouvoir actif et qu'il rattache à l'*ascendant nécessaire de la vie organique*. Cette prépondérance accordée à l'action et qui forme l'essence même du système implique une immixtion plus ou moins directe de l'autorité publique dans les vocations ; et le chef de l'école positi-

---

(1) Cette citation et toutes celles qui suivent sont tirées de son livre : *La physique sociale*.

viste ne recule point devant cette conséquence. Il semble admettre, il est vrai, en principe, que *toutes les fonctions de l'ordre actif pourront être abandonnées à l'impulsion des vocations* ; mais il réserve tout aussitôt *la haute intervention facultative* de ce qu'il appelle *la haute direction centrale* ; et en ceci il se montre logique : Dès l'instant, en effet, que l'homme n'a pas à attendre d'autre bonheur que celui qu'il lui est donné d'atteindre ici-bas et qu'il ne peut y avoir de bonheur pour l'individu en dehors de l'accomplissement de sa destinée, le choix de cette destinée devient d'une suprême importance, et le plus grand malheur est de ne pouvoir faire ce choix ou de se tromper en le faisant. Si même l'on admet une autre vie, comme dans certains systèmes rationalistes, mais que cette vie soit conçue comme n'étant qu'une continuation indéfinie du développement naturel des aptitudes et capacités acquises ici-bas, l'importance du choix des vocations n'est pas moins capitale. Elle est peut-être plus grande dans ce cas que dans l'autre. La plupart des systèmes rationalistes ne vont pas sans doute ici aussi loin que les systèmes socialistes. La condition du bonheur pour l'homme, c'est, à leur sens, de pouvoir agir librement, même dans le choix de sa destinée. L'habiliter à faire réellement son choix, briser par suite sinon tout d'un coup, du moins progressivement, les obstacles qu'oppose à la liberté de tant d'êtres humains la fatalité des conditions sociales, voilà le but auquel ils visent ou doivent tous viser pour être conséquents.

Quoi qu'il en soit, le positivisme ouvre un vaste champ d'activité à toutes les écoles socialistes qui, ayant dépouillé aujourd'hui leurs formes bizarres et utopiques, ne posent plus le bonheur universel comme but immédiat à atteindre infailliblement par telle ou telle combinaison factice des éléments de la société, mais font appel, pour toute la conduite de la vie sociale, à l'autorité de la science. Au nom de cette autorité il croit être à même de leur fournir, ainsi qu'à toutes les théories cosmopolites et panthéistes qui remuent aujourd'hui le monde, une unité de moyens correspondant à une unité de fin. Le moyen unique, c'est de fonder l'unité de la science en favorisant activement, dans les diverses branches des connaissances humaines, les progrès du matérialisme, lequel ne voit partout que des faits palpables, mesurables et leurs rapports, rejetant le véritable caractère des faits moraux tiré de la liberté spirituelle. La fin unique, c'est le renversement de l'ordre social actuel fondé sur la religion, en vue d'édifier sur ses ruines l'ordre purement humanitaire, l'ordre où l'humanité s'appartiendra à elle-même et réglera ses destinées terrestres en maîtresse souveraine, de manière à obtenir la plus grande somme de bonheur possible pour chaque individu. Ayant posé comme suprême loi historique l'opposition entre l'état religieux et l'état scientifique ou rationnel, lequel serait le dernier terme du progrès, le positivisme peut être considéré aujourd'hui comme la forme par excellence du pur rationalisme. Il est, par cela même aussi, le centre commun de ralliement de tous les croyants au dogme nouveau qui appelle, pour reproduire les expressions du chef de l'Ecole, « un état social nouveau, un régime nouveau, une morale, une politique, une religion nouvelle. »

Le système d'Ahrens se rapproche singulièrement, par son principe et dans ses dernières conséquences, du positivisme. Son affirmation fondamentale, que le monde moral et social se trouve régi par des lois aussi certaines que le monde physique, est le suprême aboutissant du principe organique conçu dans toute son extension. Par cela même qu'il l'érige finalement en régulateur suprême du mouvement social, de la marche de l'humanité, qu'il l'applique également au jeu de nos facultés, dans l'ordre physique et spirituel, il fait rentrer, comme l'école positiviste, tous les faits sociaux dans le cadre agrandi de la science. Il encourage, en ce sens, avec l'envahissement de la méthode expérimentale à laquelle cette école veut les soumettre tous exclusivement, les empiétements de la biologie, cette science ambitieuse qui, sous le nom de physique ou physiologie sociale, recule sans cesse les horizons du positivisme, lui servant d'instrument de propagande et de vulgarisation. Sans doute, en assurant une influence prépondérante à l'éthique sur toutes les sphères de la vie, il croit prévenir de semblables empiétements, et tous les dangers inhérents à l'extension des lois organiques qu'il ne consacre qu'en vue d'établir une plus grande harmonie dans le fonctionnement du corps social. Sans doute encore, ces lois revêtent, dans son système, un caractère propre et ne peuvent se réaliser que sous les conditions de l'intelligence et de la liberté humaine. Leur action n'est point fatale et comparable à celle des lois immuables qui régissent les astres. Il n'en est pas moins vrai que ce système comporte une science unique, celle qui dans sa généralité comprend toutes les autres et constitue leur unité supérieure dans laquelle rentrent tous les buts de l'activité humaine. C'est la science de la vie, de la connaissance de ses buts, des moyens, forces et rapports qui doivent servir à les atteindre. Cette science qui, dans son unité complexe et supérieure et en tant que renfermant le but total de l'humanité reçoit le nom d'éthique, n'était possible, selon Ahrens, que par la découverte du principe organique universel. Elle n'a d'autre objet que de poursuivre sur une échelle ascendante les multiples applications de ce principe à toutes les branches de l'ordre humain. D'où sa nature indéfiniment progressive : elle prend sa racine dans la biologie, la science de l'homme vivant, se développe avec elle et aspire, à l'apogée de son évolution, à établir l'harmonie complète entre l'ordre physique et l'ordre moral, en réalisant un idéal social conforme à l'harmonie souveraine de l'ordre créé. Une semblable science, qui relève uniquement de la raison appelée à connaître et à étudier les fécondes applications du principe organique et dans le cercle de laquelle rentre tout ce qui constitue l'ordre moral objectif, les liens de famille et autres liens sociaux, nous paraît singulièrement ressembler à la science unique admise par Auguste Comte sous le nom de physique ou physiologie sociale.

En se posant comme le promoteur de cette science sociale qui, en travail continu de développement, doit se constituer un jour dans son indépendance, et, atteignant son complément, régir l'humanité tout entière comme représentant un seul et même organisme spirituel, Ahrens donne la main, qu'il le veuille ou non, au positivisme. Et qu'on ne dise pas que par rapport au gouvernement des sociétés il y a une différence radicale entre les deux doctrines, cette dernière étant matérialiste dans son essence comme ne reconnaissant que les faits palpables ou mesurables qui rentrent dans le domaine des sciences exactes et naturelles, tandis que l'autre assignerait aux faits moraux leur véritable caractère en les rattachant à l'activité libre de l'être spirituel ou immatériel envisagé comme cause : pour cela il faudrait qu'Ahrens eût conservé ses attaches divines à la morale, sans l'absorber dans le droit sous le nom d'éthique et qu'il l'eût rattachée à la religion en étendant ses horizons au delà des buts de cette vie. Or, il la fait dépendre uniquement de la raison. Il n'admet et ne saurait admettre dès lors que le bien et le mal relatifs dont la notion se termine uniquement à l'homme. Cette notion, qui sert de base à ce qu'on appelle aujourd'hui la morale indépendante ou détachée de sa racine divine, est au fond de sa doctrine organique. L'autonomie et même la prépondérance qu'il assure vis-à-vis de la religion à la morale, dont il fait une sphère indépendante en fournit la preuve. Le principe de la souveraineté de la raison humaine est posé là et doit produire ses inévitables conséquences. Qu'importe, pour la conduite de la vie sociale, que l'homme puisse entretenir un rapport direct, mais abstrait ou rationnel, avec Dieu en tant que personnalité ; qu'il ait, par suite, de ce côté, une fin propre et une responsabilité individuelle, si ce rapport ne peut lui assurer la plénitude de sa liberté, qui reste tronquée par suite de la suppression du dualisme des buts à raison du principe organique qu'il adopte sans réserve et auquel il doit subordonner même la vie ultra-terrestre ? Ahrens n'est-il pas amené à considérer au fond moins l'individu que le tout collectif et vivant dont il fait partie, l'*humanité* ? La nécessité pour l'homme d'amplifier son être en appliquant ses facultés à un nombre de plus en plus grand de buts pour arriver à sa plénitude de vie et atteindre ainsi le terme de sa destinée, voilà l'idée culminante qui se dégage de tout l'exposé doctrinal de l'auteur, et c'est cette idée même qui l'amène à poursuivre, par sa construction organique du corps social, non pas tant l'amélioration de l'individu qui est censé bon en soi que la réforme des institutions sociales. Tous ses efforts convergent au fond vers le but suprême indiqué par le rationalisme, la réalisation de l'homme complet ou trouvant en lui-même son complément par le perfectionnement absolu de l'état social au sein duquel et avec lequel il se développe. C'est Pierre Leroux, l'un des plus fervents apôtres de la doctrine humanitaire, qui a proclamé le premier cette nécessité de constituer l'homme complet dans la société complète. Une semblable mission ne peut être remplie que par la création d'un état humanitaire assurant à chacun de ses membres le plus grand développement possible de ses facultés et capacités, dans l'application à tous les buts humains, à toutes les branches de l'activité. L'auteur appelle de tous ses vœux cette création, et c'est sur le principe organique ou les lois qui en découlent qu'il fonde toutes ses espérances. Ce sont ces lois qu'il s'applique à trouver. Mais, une fois trouvées, n'y aura-t-il pas obligation morale de s'y conformer, et que devient alors en réalité la liberté individuelle? Son système de corporations liées les unes aux autres ayant reçu son achèvement, la personne individuelle n'y sera-t-elle pas nécessairement enchâssée? Ce système n'aboutira-t-il pas pour celle-ci à une vie empruntée, en quelque sorte, parquée dans je ne sais quel cadre plus ou moins élastique? Ce n'est pas en tout cas la vie pleine de la liberté, et en admettant qu'il puisse y avoir là un progrès, ce n'est point le véritable, s'accomplissant dans l'individu et par l'individu, mais plutôt un mouvement étranger à sa propre spontanéité qui ne dépend pas de lui-même et auquel il obéit en un certain sens fatalement. En somme, la vie individuelle devient au fond un simple instrument de la vie sociale et humanitaire comme dans le positivisme; la seule différence réelle entre les doctrines, c'est que le problème de la justice absolue dans l'une est fatalement posé et devrait nécessairement recevoir sa solution, tandis que l'autre peut l'ajourner. Dans le positivisme et toutes les autres doctrines rationalistes ou panthéistes qui suppriment ou relèguent dans les ombres du rêve toute persistance ultérieure de la personnalité, il faudrait, de toute nécessité, dès l'instant qu'il n'y a plus d'autre vie à espérer après celle-ci, que l'homme accomplisse sa destinée sur cette terre. La création d'un paradis terrestre, d'un ciel à réaliser de toute force ici-bas, c'est là, en un mot, l'aboutissant inévitable de pareilles doctrines auquel Ahrens a su échapper en prolongeant notre existence naturelle au delà de son terme apparent.

Voilà, au fond, l'unique différence qui est toute en faveur du système d'Ahrens, puisque en faisant ainsi une certaine part à l'individualité et lui assurant le bonheur par la certitude de l'accomplissement de sa fin propre, il peut prévenir les commotions sociales et asseoir l'ordre humain sur de plus solides bases.

Le positivisme croit éluder les difficultés du problème ou plutôt en simplifier les données, par cela même qu'il supprime pour chaque homme toute fin propre et sacrifie résolument l'individu à la collectivité. En faisant prédominer outre mesure l'influence des conditions organiques des divers milieux où se meut l'être vivant, des diversités de race, il rend illusoire toute responsabilité. Il annihile la liberté ou plutôt la réduit à une résultante de nécessités ou fatalités inhérentes à l'état ou au jeu des organes (1). Il ne laisse subsister comme réellement vivant et autonome que l'humanité prise en son tout. Les nations et individus qui en font partie, comme les branches et les feuilles de l'arbre, n'ont dans ce système qu'une vie empruntée et vivent à tous les instants de la sève qui circule dans le tronc, et doit se communiquer également à toutes ses parties.

Aussi exalte-t-il, jusqu'à en faire une sorte d'apothéose, l'humanité érigée en source et facteur éternels du bien, du vrai et du beau. Celle-ci, pour reproduire le langage du chef actuel de l'école positiviste, est la grande et suprême existence, l'idéal infini qui nous absorbe, la providence des générations successives. Il ne voit en l'homme que « l'esprit du globe terrestre, la forme suprême de l'être intelligent organisé dans un rapport parfait avec le monde, supprimant pour lui toute destinée individuelle véritable et ramenant tout à l'humanité. » Cette déification de l'homme envisagé dans son tout collectif a abouti à la religion humanitaire dont Pierre Leroux avait jeté les fondements. C'est l'humanité qui est, pour l'école positiviste et pour toutes les doctrines ou philosophies qui s'y rattachent, l'unique fondement de l'idée religieuse et du culte nouveau qui en est la conséquence. Ce culte ne peut évidemment être que celui des grands hommes ayant servi la cause du progrès social.

Ahrens n'est-il point, par le fond de ses idées, un adepte de

---

(1) C'est là le langage tenu par M. Taine, l'un des chefs les plus marquants de l'école positiviste par la manière dont il a su en appliquer les principes à l'histoire. Nul n'a poussé plus loin l'affirmation matérialiste, et il en est arrivé au point de rejeter toute vraie causalité en voulant tout expliquer par ce qu'il appelle le dynamisme d'un fait générateur primitif et unique d'où sortent les séries innombrables de faits se résumant en l'unité de l'univers.

cette nouvelle religion, lui qui subordonne au but de l'humanité le but de l'Etat, de telle sorte que l'idéal de celui-ci, le terme de son progrès, c'est de devenir humanitaire, de mériter réellement ce beau nom. N'enlève-t-il pas à l'individu envisagé en lui-même un but de perfectionnement propre par l'idéal qu'il lui propose, dès l'instant qu'il règle le mérite, le degré de sa perfection sur la mesure plus ou moins grande dans laquelle il a concouru à la réalisation de ce but humanitaire? S'il faut reconnaître que l'homme qui a le mieux servi la cause du progrès social par l'emploi éclairé de ses facultés rationnelles a aussi, par cela même, le mieux rempli sa destinée, où est la différence, du point de vue moral et pratique, entre cette doctrine et celle de l'école positiviste? Il ne peut y en avoir au fond qu'une : c'est que cette école demande à l'homme des efforts où il n'est plus soutenu par l'attente d'une récompense durable, ce qui rend le but plus difficile à atteindre, tandis que celle qui se rattache au déisme chrétien en facilite l'accomplissement par les consolantes espérances qu'elle donne.

Les nombreuses sectes socialistes qu'a engendrées cette religion humanitaire se rallient sans doute de préférence au positivisme, qui, par ses audacieuses négations, légitime mieux leurs visées et aspirations, et ne pose aucune limite à leurs essais de réforme, pourvu qu'ils puissent se couvrir du manteau de la science ; mais les conclusions dernières du système d'Ahrens, qui ouvre le plus vaste champ à la science sociale, n'autorisent-elles pas toutes les recherches de ces sectes? Le choix des vocations n'a-t-il pas, dans ce système, une importance aussi grande que pour elles? S'il admet une autre vie, il ne saurait la concevoir que comme une continuation indéfinie du développement naturel, des aptitudes et capacités acquises. Dès lors, plus ce développement aura été grand, — et c'est l'état humanitaire seul qui peut en élargir le plus possible la sphère, — plus la somme de bonheur ici-bas, en rapport avec le degré d'avancement obtenu dans la voie du perfectionnement, sera augmentée dans l'autre vie, dont les intérêts se trouvent ainsi étroitement reliés à ceux de la présente. L'homme ne fera qu'obéir à la loi même de la vie, en s'attachant de plus en plus aux buts naturels, en les agrandissant autant que possible, et étendant la sphère d'action de ses facultés physiques et spirituelles. Il assurera ainsi davantage son bonheur, non seulement sur cette terre, mais dans une série d'existences ultérieures. Une pareille doctrine, de quelque apparence religieuse qu'elle se couvre, se rapproche, par ses conséquences pratiques, du socialisme, quelque irréligieux qu'il soit dans son principe, et quelque exorbitantes ou prématurées que puissent être ses exigences.

Elle forme en quelque sorte le trait d'union, le moyen terme entre le socialisme et le positivisme, puisque admettant comme celui-là une destinée individuelle, et comme celui-ci une destinée propre à l'humanité, elle relie l'une et l'autre étroitement, en faisant servir la première de moyen pour l'accomplissement de la seconde. Tendant avant tout à consacrer cette union solidaire réalisée dans l'état humanitaire, union qui subordonne en définitive les intérêts de la personne individuelle à ceux de la collectivité, et peut par là renfermer l'égoïsme humain dans ses limites naturelles, elle prépare un terrain commun d'action au socialisme et au positivisme, et à toutes les sectes panthéistes ou rationalistes qui s'y rattachent plus ou moins. Elle se pose, de plus, comme pouvant corriger ou prévenir leurs écarts en s'appuyant sur l'omnipotence de l'Etat érigé en suprême régulateur des buts de la vie actuelle, et appelé à les harmoniser ou régler en dernier ressort. Elle favorise aussi les progrès de la centralisation politique qui fournira un jour à ces sectes, lesquelles n'aspirent qu'à saisir le pouvoir, un instrument puissant d'action. Dans tous les cas, elle leur offre pour le moment un centre dangereux de ralliement sous son influence croissante ; et, grâce à l'appui qu'elle donne à la religion humanitaire, à cette religion sortie de l'homme et faite exclusivement pour lui, pour sa propre gloire, peut, en effet, se former plus facilement une société universelle d'adeptes sur toute la surface du globe, société qui comprendra nécessairement tous les incroyants ou, pour mieux dire, tous les purs rationalistes, à quelque pays qu'ils appartiennent (1). On peut d'ores et déjà

---

(1) L'Internationale, malgré la scission qui s'est naguère produite dans son sein, paraît, à raison de son caractère cosmopolite, devoir englober tôt ou tard toutes les autres sociétés secrètes, y compris les sectes socialistes.

entrevoir le temps où cette société, dans laquelle doivent tôt ou tard se fondre toutes celles qui ont isolément poursuivi ou qui poursuivent encore le même but sous différents noms, fournira le noyau d'une Eglise universelle.

Le système d'Ahrens aplanit ici les voies. En représentant l'humanité tout entière comme devant constituer un jour un seul et même organisme physique et spirituel, il donne satisfaction aux plus hautes aspirations du positivisme ou même du panthéisme humanitaire. Au haut de l'échelle de sa construction organique, on aperçoit comme couronnement ce vaste corps social embrassant le monde humain dans la totalité de ses races et nations, unies entre elles comme autant d'organes de ce corps au sein duquel chacune poursuivra la totalité des buts en même temps qu'elle en réalisera un d'une manière prédominante.

Par ces perspectives grandioses, qu'elles s'approprient, les conceptions positivistes ou panthéistes ont aujourd'hui une puissance incomparable de séduction; elles semblent pouvoir assurer le règne de la religion humanitaire qu'elles impliquent, et devoir affermir les fondements de la future Eglise qui doit marquer, soi-disant, le terme final du progrès.

Cette Eglise est déjà en travail d'enfantement sur tous les points du globe; les événements récents ne le témoignent que d'une manière trop tristement éloquente. Elle ne nous paraît devoir ressembler à aucune de celles qui l'ont précédée dans l'histoire du monde. La nouvelle religion différera radicalement de toutes celles du passé. Elle s'imposera au nom de l'homme, tandis que les autres, se rattachant plus ou moins à la véritable, sans en excepter le paganisme sous ses diverses formes polythéistes, tout en se proportionnant et se ramenant plus ou moins aux buts humains et aux besoins de la vie temporelle, s'imposaient au nom d'un principe supérieur. Son nom d'humanitaire est

Préchant l'émancipation définitive de la science moderne et s'appuyant sur les libres et nouvelles conceptions de l'origine de l'homme, elle essaie de légitimer par là les agitations qu'elle fomente au sein des nations européennes et qui parfois se trahissent, comme en 1871, par une de ces soudaines explosions qui épouvantent le monde.

bien l'unique nom qu'elle pouvait recevoir. Elle n'a pas, en effet, de fondateur particulier et ne pouvait en avoir. Elle peut avoir seulement plus tard un chef unique, quand l'assemblée de ses fidèles ne formera plus, sur toute la surface du globe, qu'une Eglise militante. Tout fait présumer que cette Eglise de la fin des temps présentera la plupart des caractères de la véritable, qu'elle réalisera du moins en partie l'unité de puissance d'action et de but, qu'elle sera une et universelle. Elle n'en différera que sur un point capital : c'est qu'elle aura fait cesser l'ancien dualisme entre l'Eglise et l'Etat. Aspirant à réaliser au suprême degré l'unité des buts de la vie, ne se confondra-t-elle pas, en effet, avec le nouvel Etat dont les proportions se seront assez élargies pour embrasser dans son unité toutes les nations et constituer ainsi une république universelle qui sera peut-être régie par un seul homme. C'est le secret d'un avenir encore lointain. Mais on peut, d'ores et déjà, entrevoir que sous une forme ou sous une autre les progrès d'une centralisation effrénée qui sont plutôt favorisés par l'institution républicaine, doivent avoir pour suprême aboutissant un gouvernement uniforme régissant les populations du monde entier. Supposez que le chef de ce gouvernement, qui serait en même temps celui de la religion, de l'Eglise humanitaire, soit le produit du suffrage universel direct auquel elles participeront toutes ; quelle force prodigieuse n'aurait pas ce nouveau pape, cette personnification véritable de la raison humaine pour vaincre toutes les résistances ? Ce serait bien là l'ère de la grande tentation dont les jours doivent être abrégés en faveur des élus. Les proportions de la lutte sont ici tellement grandioses, que l'on comprend que Dieu même doive y intervenir directement par des envoyés revêtus de sa puissance.

Ce sont là des prédictions qui peuvent ne point paraître téméraires aujourd'hui, et que justifient suffisamment les signes du temps. L'Eglise humanitaire doit être le suprême aboutissant de tous les essais de religion nouvelle inspirés par la pensée commune de détruire le christianisme, et sa forme la plus complète, le catholicisme. Mais pour qu'elle se fonde, il faut que cette destruction s'opère ; et toute doctrine qui y prête la main, qui, en vue, soi-disant, de rétablir une entente parfaite entre l'Etat et l'Eglise, sape les bases de la foi à l'ordre surnaturel, au transcendantalisme de la révélation s'en rend le complice.

C'est cette complicité cachée sous les beaux dehors de l'unité divine des buts naturels qui se dégage des enseignements du système organique d'Ahrens admis dans toute son extension, et c'est ce qui fait un devoir à tout vrai croyant de le rejeter et de s'en tenir, en dehors de toute formule préconçue, à l'application de plus en plus large de la loi de charité évangélique au gouvernement des sociétés.

CHAPITRE XI.

LA PROVIDENCE ET LA VIE FUTURE. — PARALLÈLE ENTRE LES VUES
D'AHRENS ET L'IDÉE CHRÉTIENNE.

La personnalité du Dieu absolu, qui ne se serait jamais manifestée aux hommes, reste pour Ahrens à l'état abstrait et par suite ne saurait engendrer un véritable rapport concret de religion. La Providence est un dogme qui implique la véritable idée du Dieu vivant et personnel de l'Evangile, de la personnalité portée à l'infini conçue en Dieu comme excluant infiniment toute nécessité. Dieu, infiniment libre, par cela même qu'il est être par soi, voilà le concept qui met un abîme entre le christianisme et toutes les formes du rationalisme qui font de Dieu une causalité absolue, et par conséquent coéternelle avec le monde, de telle sorte qu'il ne saurait exister entre ce monde et lui que des rapports nécessaires.

Dans le système chrétien, Dieu a posé les êtres créés hors de lui-même dans le temps pour les ramener ensuite à lui-même. Toutes les péripéties par lesquelles l'humanité a passé, tous les grands événements de l'histoire ne font, dès lors, que concourir à la réalisation du plan divin, lequel les fait servir à la régénération graduelle de l'humanité, à la préparation de la Rédemption. Le monde présent contribue à la gloire de Dieu, lequel y manifeste ses attributs, et a voulu être par Jésus-Christ la vie du temps comme il est la vie de l'éternité (*propter semetipsum Deus omnia fecit*). Mais c'est surtout le monde futur où il ramène tout à lui-même qui doit contribuer à cette gloire. Le plan de la Providence, chrétiennement parlant, n'est autre que la préparation progressive et dans le temps de ce monde futur; et tout ici-bas se combine harmonieusement pour cette fin suprême imposée de Dieu à l'universalité des choses. C'est là au fond la pensée de Schlegel, qui, embrassant d'un coup d'œil les grands événements de l'histoire humaine, y découvre la pensée de Dieu, les faisant servir à l'éducation, au relèvement continu de l'humanité, et prédit une restauration universelle où l'État sera chrétien et la science chrétienne.

C'est aussi l'idée fondamentale de M. Guizot, qui fait de la Providence la suite naturelle et nécessaire de l'existence de Dieu, une expression visible de son action permanente dans la création, sans méconnaître néanmoins la liberté nécessaire de cette action. Cette liberté se manifeste, avant tout, dans l'histoire du peuple juif, laquelle, d'après l'éminent historien, n'est que la relation intime et continue de Dieu agissant dans une indépendance absolue et de l'homme libre, Dieu parlant et donnant la loi, l'homme usant de sa liberté, tantôt pour accomplir, tantôt pour rejeter la loi, et étant tour à tour récompensé ou puni.

Le dogme chrétien de la Providence, qui est en harmonie avec l'instinct universel de la prière, se fonde donc sur ce fait que Dieu est absolument libre et qu'il s'est mis en rapport avec l'homme comme être relativement libre.

Pour le rationaliste qui, comme Ahrens, n'admet d'autre rapport avec l'Être suprême que celui inhérent au développement de la raison, la Providence revêt un caractère absolu ou nécessaire, et par suite exclusif de l'action souverainement indépendante de Dieu qui est censé ne pouvoir agir et gouverner l'homme que par des lois générales et permanentes. De plus l'individu, en tant qu'être moral et libre, étant moins mis en rapport avec Dieu que l'humanité dont il fait partie, relève uniquement, par cela même, des lois de l'ordre universel, lois aussi immuables que celles instituées dans l'ordre matériel de la nature.

Dans cet ordre d'idées, le gouvernement providentiel procède à l'instar d'une loi générale et nécessaire dans ses rapports avec l'homme individuel de la même manière qu'avec la collectivité. Son mode d'intervention dans la vie humaine ne varie pas en principe, qu'il s'agisse des destinées d'un individu ou d'une nation, sauf les conséquences de la justice absolue, qui doit nécessairement, vis-à-vis de celle-ci, avoir son cours ici-bas. A l'égard de l'individu, à raison même de la prolongation de son existence, cette justice se confond avec la Providence qui, selon le langage d'Ahrens, dans l'infinité du temps et à chaque moment, distribue à tous les êtres, conformément au plan éternel de la création, les moyens de vie et de développement nécessaires selon leur nature spéciale et leur capacité interne (1).

Dans le système chrétien, la Providence divine fournit à l'homme tous les moyens de faire un sage usage de sa liberté à qui elle laisse néanmoins la plus grande latitude, ne lui posant d'autres limites que celles qu'impliquent les fins dernières de la création. Elle lui donne comme guide souverain sa loi, puis le laisse libre, pour me servir des expressions de l'Ecriture, entre les mains de son conseil, se bornant à assister aux déterminations libres qu'il prend, aux événements qu'il crée dans sa propre vie et qui doivent influer sur tout le cours de celle-ci. C'est sous ce dernier rapport et pour le dégager des conséquences de ces événements, lesquelles revêtent le cachet de nécessité inhérent au côté matériel de notre nature, que la Providence intervient et lui accorde un secours rendu indispensable à raison de la faiblesse native et de l'impossibilité où il serait de se relever par lui-même. Elle agit ici, — et l'histoire en fournit le plus péremptoire témoignage, — comme le père et la mère à l'égard de l'enfant, au développement duquel ils assistent en le dirigeant. Les faits naturels qui se passent dans le naturel et bon gouvernement de la famille humaine, dit M. Guizot, sont l'image imparfaite mais vraie, l'ombre obscure et pourtant fidèle de la providence divine. « C'est ainsi, » ajoute-t-il, « que la religion chrétienne qualifie et décrit l'action de Dieu dans la vie de l'homme. Elle montre Dieu toujours présent et accessible à l'homme comme le père à l'enfant; elle exhorte, elle encourage, elle invite l'homme à demander, à se confier, à prier Dieu. Le recours à Dieu a été pour lui, de

(1) Voy. son *Cours de droit naturel*, 6ᵉ édit. française.

tout temps, le moyen de pourvoir à sa faiblesse dont il a le sentiment dès l'origine de sa vie morale. Quand notre volonté faiblit, nous demandons à Dieu, qui a voulu s'appeler notre Père et l'être réellement, de venir à notre aide ; et l'âme alors, après l'aveu de sa faiblesse, se sent soutenue, encouragée, retrempée en quelque sorte pour la lutte contre le mal ou les instincts mauvais, parfois même plus forte pour le bien et prête à tous les sacrifices. »

Ce besoin naturel de la prière et le sentiment de son efficacité s'imposent parfois au rationalisme moderne et arrachent à ses organes les plus accrédités des aveux précieux à recueillir. C'est ainsi que notre grand historien, M. Henri Martin, en présence de la figure idéale mais en même temps si catholique de saint Vincent de Paul, ne laisse déborder de son cœur qu'admiration et approbation sans réserve. Il va même alors jusqu'à combattre certaines idées de Rousseau, inclinant vers la théorie pélasgienne qui laisse l'homme à lui-même dans ses efforts vers le bien. Entendons-le s'écrier, comme une âme pénétrée de la plus parfaite et de la plus entière religion : « Si l'on peut contester qu'il soit raisonnable de demander à Dieu de modifier à notre bénéfice individuel les phénomènes de l'ordre physique, de l'ordre de nécessité gouverné par des lois générales, c'est précisément dans l'ordre moral, dans l'ordre de liberté qu'il faut lui demander assistance. Dieu n'est pas seulement un océan où l'âme puise à volonté, mais un océan vivant où l'âme est plongée, et sans l'action perpétuellement vivifiante duquel l'âme ne pourrait rien, ne serait rien. » Ne dirait-on pas qu'en ce moment l'impartial observateur a entrevu le vrai Dieu, le Dieu vivant de l'Evangile avec lequel l'homme peut entretenir un rapport personnel, qui n'est pas seulement le Dieu immanent dans le monde, support nécessaire de tout ce qui existe, qui est même plus que le lien des esprits, ainsi que l'appelait Malebranche, qui en est la vie, la vraie vie.

La doctrine rationaliste d'Ahrens nous paraît comporter un cachet d'inflexibilité incompatible avec de pareils aveux ou de telles concessions qui impliquent l'affaiblissement de la liberté provenant de la faute originelle. Elle s'en tient au dogme de la perfectibilité nécessaire, excluant une semblable faute, et qui, simplement inhérente à l'essence indestructible de l'homme, rentre dans le plan divin de la création où la Providence et la justice ne sont que l'instrument de cette perfectibilité. C'est donc cette providence et cette justice indivisiblement unies ici-bas qui doivent régir également la vie ultérieure, puisque celle-ci ne peut être, dans l'idée logique du système, que la conséquence de la perfectibilité indéfinie de l'homme, et ne saurait, par suite, détruire ou arrêter le cours de celle-ci sans annihiler sa raison d'être, sans se détruire elle-même.

Pour résumer tout cet ordre d'idées, la Providence, dans le système chrétien, s'applique aussi bien à la vie individuelle qu'à l'existence sociale de l'homme. Elle le laisse néanmoins libre de parvenir ou non à l'union surnaturelle avec Dieu, la seule fin qui lui ait été assignée après la chute, et pour laquelle elle lui fournit tous les secours nécessaires. A ce dernier terme prévaut uniquement, non plus la loi de la Providence, mais celle de la justice et de la miséricorde divine.

Pour Ahrens et la plupart des rationalistes, la Providence reste inséparable de la justice, en ce sens qu'elle s'applique non seulement à la vie d'ici-bas, mais à sa continuation ultérieure. L'homme ne saurait cesser, s'il existe une autre vie, d'être en rapport avec Dieu qui doit lui fournir, tout en le punissant temporairement du mauvais usage qu'il a fait de ses dons, les moyens de rentrer dans la voie du bien et de se régénérer pour pouvoir finalement accomplir sa destinée. Cet accomplissement est donc en quelque sorte fatal, et s'il peut être plus ou moins arrêté ou entravé par la volonté individuelle, il doit avoir son terme tôt ou tard eu égard à chaque individu, à raison même de l'indestructibilité du plan divin.

Dans cette dernière doctrine, la justice ne joue ainsi qu'un rôle accessoire, puisqu'elle ne saurait épuiser son action. Celle-ci est toujours relative, jamais absolue, par cela même qu'elle doit se régler sur une responsabilité essentiellement variable et transitoire, ou qui ne saurait revêtir un caractère définitif, étant le produit d'une liberté faillible, mais qui peut toujours se relever. Elle ne fait même plutôt qu'un avec la providence, puisqu'elle doit fournir à l'homme, qu'il ait ou non plus ou moins failli dans une première existence, avec les moyens d'accomplissement de sa destinée, toutes les conditions d'amendement et de relèvement.

Sa vie future ainsi rattachée à l'exercice de la providence revêt un caractère d'indétermination tel que sa nécessité reste insaisissable et s'évanouit en quelque sorte comme un songe. Le système d'Ahrens, en particulier, me paraît fournir une preuve décisive de cette vérité.

Dans ce système, les horizons ultraterrestres ne dépassant pas ceux de l'univers créé, lequel sert de support et de modèle à l'activité humaine, la vie individuelle est condamnée à se maintenir dans un ensemble de relations avec les divers ordres de l'existence, lesquels seront toujours régis par le principe organique. La vie pourra croître et s'amplifier avec ces relations, mais elle ne changera jamais de caractère, subissant toujours des conditions qui s'imposeront hors d'elle. L'homme ne devra donc survivre que comme faisant partie d'un tout organique vivant, et ce tout ne saurait être que l'humanité dont la vie serait alors transportée sur un autre théâtre de l'univers. Mais on peut se demander à quoi sert ce transport, et pourquoi cette terre ne suffirait pas à la poursuite indéfinie du progrès humanitaire, dont l'apogée serait le terme, aussi bien de la destinée individuelle que de la destinée sociale ? L'auteur ne dit-il pas lui-même que la vie présente se liant comme partie intégrante à la vie future, le règne de Dieu, ce règne de toutes les idées divines, du vrai, du bien, du beau et du juste dans le saint amour de Dieu et de l'homme peut se réaliser dans la vie de l'humanité et sur cette terre, laquelle, « *partie intégrante du ciel physique, l'est également du ciel spirituel.* » — Il donne ici tellement la main à la philosophie humanitaire qu'on ne comprend pas trop comment il s'en sépare ensuite, par l'admission d'une immortalité personnelle, laquelle devrait s'entendre plutôt alors d'une survivance ou renaissance sur la terre, plus ou moins prolongée, telle que l'ont rêvée certaines sectes.

A un autre point de vue, l'unité divine des buts naturels, principe fondamental du système, réagit sur le mode de concevoir la vie à venir, laquelle n'est censée qu'un moyen pour l'homme de se parfaire; mais alors que de contradictions et d'anomalies elle implique ! Et d'abord, comment admettre l'utilité d'une prolongation de l'existence personnelle, quand l'homme aura pu sur la terre se développer pleinement, et dans tous les sens? Et d'un autre côté, peut-on, dans une vie ultérieure, supposer des exigences plus sublimes de l'ordre moral que celles qui s'imposent ici-bas! Le type de la plus haute perfection morale a été montré au monde, et bien de nobles âmes ont approché si près de ce type, que l'imagination ne saurait en concevoir une réalisation plus complète. Impossible, pour ces âmes, de se parfaire du côté de la vie morale, alors qu'elles auront poussé aux dernières limites les prodiges du renoncement ou du dévouement. Les soumettre à une nouvelle épreuve de ce côté, c'est ce que la raison même ne saurait admettre; et où serait d'ailleurs le milieu où une semblable épreuve pourrait être accomplie? Faudrait-il, en se plaçant à un autre point de vue, leur faire une nécessité de se parfaire, sous le rapport de la science et de l'art, au nom de l'unité divine des buts naturels? Mais dans cette supposition, il faudrait donc que l'autre vie réalisât surtout pour elles des conditions nouvelles qui assurassent ce développement complémentaire qu'elles auraient négligé ou n'auraient pu recevoir ici-bas. Et que dire des autres branches de la culture sociale, qui composent l'ordre économique et qui permettent de tirer de la nature la plus grande somme d'utilités possibles? Leur perfectionnement intéresse évidemment moins l'individu que la société dont il fait partie, à moins qu'il ne faille admettre que le corps, étant d'origine divine autant que l'esprit, l'exercice des facultés physiques, doit nécessairement concourir, avec celui des facultés intellectuelles et morales, pour que l'homme soit complet. L'auteur aurait repoussé à coup sûr une semblable thèse, trop favorable aux rêves malsains d'un certain socialisme, qui perd de vue la valeur chrétienne s'attachant à l'accomplissement seul de la loi du travail, de quelque nature qu'il soit. Que d'autres difficultés soulève cette prolongation, dans le temps et dans l'espace, de la vie appliquée à une activité croissante, mais ne sortant jamais de l'ordre naturel, et destinée uniquement à parfaire l'être humain! Aussi reste-t-elle insoluble, pour une

saine raison, pour peu que celle-ci tente d'en sonder les obscurités. S'arrêter ici à un moyen terme, à une sorte de juste milieu,
qui satisfasse à la fois aux exigences de l'orgueil individuel, et
aux intérêts de la conservation sociale, est évidemment le meil-
leur parti. En se réfugiant dans l'inconnu et se tenant dans les
généralités, on élude les difficultés du problème. C'est ce qu'a
cru pouvoir faire Ahrens. Mais il y en a qui ont été plus auda-
cieux et qui, pour avoir voulu soulever le voile de cet avenir
impénétrable, n'ont pu échapper au ridicule d'une fantasma-
gorie qui, vue de près, s'évanouit comme un songe. Dans tous
les cas leurs vaines et puériles conjectures, leurs visées plus
ou moins superbes, n'ont abouti, jusqu'à présent, qu'à obscurcir le mystère de la vie éternelle, en le dépouillant de son
auréole de justice et de miséricorde.

L'impossibilité, pour la raison humaine, d'imaginer la vie
future, autrement que comme une continuation de la vie présente n'est que trop démontrée par tous les systèmes qui se
sont produits en dehors de la foi. Que l'homme doive ou non
prolonger plus ou moins son existence dans des vies futu-
res, que son ascension graduelle vers l'inaccessible divin,
pour parler le langage d'Ahrens, soit sans terme, la mort ne
sera jamais pour lui qu'un passage de l'imparfait à l'imparfait,
puisqu'il n'atteindra jamais un état stable et d'entière perfection.
Il ne pouvait en être autrement. Il fallait une force infinie,
ajoutée à l'homme, pour qu'il pût du fini s'élever à l'infini. Aussi
tout le rationalisme chrétien aboutit-il et aboutira-t-il nécessairement, s'il maintient le dogme de l'immortalité, à ne concevoir
qu'une immortalité successive et dans le temps. Le chrétien
seul, croyant à l'incarnation du Verbe divin, peut concevoir la
vie vraiment éternelle, la vie de l'éternité. La mort est pour lui
le passage de l'imparfait à l'éternelle et immuable perfection. Il
croit à ce mystère incompréhensible de la mort du Verbe de
Dieu qui, pour reproduire l'étonnante énergie d'expression du
père Gratry a voulu mourir, lui l'Eternel, en s'unissant à ce
qui peut mourir, de cette mort prodigieuse, qui passe du temps
à l'éternité, du fini à l'infini, mort qui franchit l'abîme infranchissable du créé à la vie incréée, et rattacher à sa mort toute mort,
pour rattacher à sa vie toute vie.

L'auteur n'est point, d'un autre côté, parvenu à opérer une véritable conciliation entre le déisme chrétien et la doctrine humanitaire. La logique du système l'entraînait, alors qu'il unissait la parfectibilité de l'individu à celle de l'être collectif par les liens de la plus étroite solidarité, à faire de la première le simple instrument de réalisation de la deuxième. N'admettant que l'ordre naturel, quel que soit le cachet divin qu'il lui imprime, et subordonnant le but de l'État au but de l'humanité, il devait nécessairement ramener l'individu ainsi que chacune des collectivités dont il est membre à ce tout supérieur qui devient ainsi le produit, la résultante de toute l'activité individuelle et sociale. D'un autre côté, il assigne, on le sait, un terme commun de perfectionnement à l'homme et à la société, celui de reproduire dans l'ordre moral l'harmonie que Dieu a fondée éternellement dans l'ordre physique. Cette harmonie étant réalisée à l'apogée de l'ère du progrès, grâce à l'application la plus large du principe organique, par le vaste état humanitaire qui comprendrait toutes les nations, le but n'est-il pas atteint même pour l'individu, et à quoi sert dès lors une autre vie ?

Cette impossibilité de concevoir un mode de la vie future qui soit en harmonie avec la doctrine humanitaire fait encore mieux ressortir les grandeurs du dogme chrétien, qui implique si complètement le caractère à la fois nécessaire et divin de cette vie. Ce que peut être l'existence à venir, l'union véritable du temps à l'éternité, voilà ce qu'explique merveilleusement la spéculation chrétienne, bien supérieure ici à toutes les pauvres conceptions de la raison. Partant de la notion vraie de l'éternité, qui ne peut être que l'infini en acte, notion sur laquelle le mystère de la Trinité projette ses prestigieuses clartés, elle se garde d'assimiler l'éternité à l'infini, dans le temps ou dans la durée, comme le fait la doctrine rationaliste. Temps et espace ne sont pas des termes applicables dans leur infini à l'éternité divine, mais ne sont plutôt que les formes nécessaires à l'acte par lequel elle sort de soi, à l'acte créateur. Le temps, au lieu d'être l'image mobile, ou, pour employer les expressions d'Ahrens, *la partie manifestée de l'éternité*, n'est, dans le sens chrétien, que l'espace où se déploie le mouvement de la vie, ou plutôt, pour parler un langage plus profond, une forme nécessaire de la vie consciente finie.

Cette double notion une fois obtenue sur le temps et l'éternité, la philosophie chrétienne démontre que l'union véritable des deux termes est absolument inconcevable sans un acte positif de la divinité, lequel, ne pouvant être connu que par la révélation, était évidemment inaccessible à la spéculation antique. L'union réelle de Dieu à la nature humaine par l'incarnation du Verbe, c'est là cet acte ineffable qui est bien au-dessus des prespectives qu'avait ouvertes l'aristotélisme. Peut-on en effet comparer une telle union au lien vivant de l'attrait par lequel les êtres étaient rattachés à l'unité surnaturelle divine, qui les fait participer tous par le désir même dont elle les remplit à sa propre perfection, selon leur capacité et qui les surpasse tous en même temps ?

Les horizons intellectuels sont ici bien autrement élargis par les enseignements de la révélation qui montre le Verbe incarné rattachant, par son triomphe de la mort et sa résurrection, le temps et la création à l'éternité. A la lumière de ces enseignements, la vie éternelle de la créature doit avant tout se concevoir comme un état, comme un degré de vie de l'être spirituel et moral, incessamment vivifié et dilaté dans l'immensité de l'acte divin. Sortis du temps où notre âme n'était qu'un acte commencé, ou plutôt discontinu d'intelligence et d'amour, nous entrons dans le tout divin qui comprend à la fois en acte l'éternité du passé et l'éternité de l'avenir, qui n'en fait qu'une en Dieu ; et en entrant dans ce tout, nous entrons par cela même en possession de la totalité des puissances de notre âme. De tous les points de la durée et de l'espace, dans lesquels s'est écoulée notre vie, tous nos actes d'intelligence et de cœur se ramassent et concentrent pour résumer en un seul moment toute la force adéquate d'intellect et de volonté qui les a produits, en même temps que nous avons conscience de ce degré d'intelligence et de cœur, résultante de tous ces actes antérieurs (*in lumine tuo videbimus lumen*). L'infinie expansion de la vie créée dans le sein de l'éternité, océan incommensurable de la vie incréée par l'union à Jésus-Christ glorifié, voilà l'union du temps à l'éternité : c'est la vie du temps, la vie mesurée par son degré, plongée dans la vie sans degré, mais rendue à elle-même par cette union et glorification.

Combien ces hautes conceptions de la philosophie chrétienne diffèrent de toutes celles engendrées par le rationalisme qui, par je ne sais quelle folle présomption, semble mettre les mondes créés à l'infini à la disposition des âmes, en faire, en quelque sorte, un lieu et moyen nécessaire de perfectionnement ou d'amendement qu'il ne serait pas loisible à Dieu de leur refuser ! Eriger en une espèce de nécessité de justice la continuation de l'existence personnelle dans le temps et dans l'espace, en reléguant Dieu dans les profondeurs infinies et inaccessibles de l'éternité, voilà où aboutissent finalement toutes les doctrines sur l'autre vie qui, comme celles d'Ahrens, prétendent rester chrétiennes tout en rejetant le transcendantalisme de la Révélation. Je n'en excepterai pas même celle qui, en apparence orthodoxe, fait en réalité abstraction de cet élément surnaturel, et conçoit purement l'union à Dieu dans l'autre vie comme moyen sûr de progresser. La différence entre cette vie et la présente c'est qu'ici-bas l'âme n'est pas dans un état permanent d'union assurant le progrès continu, tandis que dans l'autre vie elle grandira en Dieu sans pouvoir s'en éloigner.

Cette opinion, qui se fonde avant tout sur le caractère indestructible de la liberté, et qui veut aussi, soi-disant, mieux sauvegarder les droits de la personnalité, ne part-elle pas d'une fausse idée de la liberté ? Celle-ci, considérée comme activité propre du moi spirituel, est sans doute indestructible, constituant, à proprement parler, l'essence de l'âme immortelle ; mais envisagée comme puissance d'option, elle devient sans objet et ne saurait plus se concevoir une fois l'épreuve terminée. Or, si l'âme pouvait plus ou moins se rapprocher de Dieu dans l'autre vie sans néanmoins sortir du tout divin, la liberté n'ayant point épuisé sa puissance d'option, l'épreuve n'aurait point été définitive. La persistance de la liberté, même contenue dans ces limites, nous paraîtrait dès lors, en un certain sens, s'éloigner de la rigueur du dogme catholique. D'après ce dogme, en effet, le sort de l'âme est irrévocablement fixé dans ses rapports avec Dieu ; et constituant sa part de bonheur, laquelle est proportionnelle à ses mérites, son degré de vie dans la vie infinie est par cela même inamissible.

Voilà les austères vérités que montre la foi, les seules qui répondent au transcendantalisme de la Révélation, et par cela même à la justice infinie devant laquelle toute hauteur sera abaissée. Elles excluent tout moyen terme et n'ont rien de commun surtout avec ces visées ambitieuses de la raison qui, dans le règlement des destinées, voudrait bien se passer de Dieu, ou du moins se renfermer toujours dans l'ordre temporel créé, lequel n'est, dans le plan divin, qu'un moyen et non une fin.

CHAPITRE XII.

Ahrens nous paraît, par le fond de ses idées, se rattacher en somme à la philosophie humanitaire qui peut être considérée, théoriquement et pratiquement parlant, comme le confluent, l'aboutissant de tous les systèmes rationalistes qui veulent concilier l'unité de substance, la non-création véritable avec la personnalité et la liberté en Dieu. Comme cette philosophie, sa doctrine, s'alliant au spiritualisme chrétien, reconnaît la loi de perfectibilité indéfinie, laquelle reste le point de départ et l'aboutissant absolu de toutes ses spéculations. La déchéance originaire, s'il l'admet, est conçue *à priori* comme n'ayant pu se produire que dans un rapport de l'homme avec son semblable, et censée n'avoir été qu'un obstacle à cette loi de perfectibilité, un trouble de cette loi. Elle a eu pour résultat de faire prévaloir les instincts individuels ou égoïstes. Le christianisme, bien que reconnu d'origine divine et de caractère surhumain dans son établissement, n'est considéré que dans ses rapports avec l'homme et que comme un moyen de lui assurer la réalisation de sa destinée en détruisant l'obstacle à la loi de perfectibilité.

C'est au nom d'une semblable loi qu'il n'admet et ne saurait admettre que le bien et le mal relatifs dont la notion, se rapportant et se terminant uniquement à l'homme, rentre exclusivement dans la compétence de la raison imparfaite à l'origine, mais devant, en vertu même de son essence spirituelle, se développer incessamment par le moyen de la liberté. Sans doute, pour sauvegarder les intérêts de la morale, il a cru devoir tout d'abord la rattacher à sa source supérieure ou divine, en l'unissant étroitement à la religion, puisqu'il les relie ensuite à une science commune, la doctrine du bien et de sa réalisation dans la vie, qu'il désigne sous le nom d'éthique. Sans doute encore il distingue l'éthique de la morale qui comprendrait seulement la doctrine de la moralité et de la vertu. Mais, pour faire une semblable distinction, il absorbe dans cette dernière la religion, de telle sorte que la primauté, finalement, appartient à l'éthique, qui embrasse dans son cadre tout le bien, étant, suivant ses expressions, *la science de tous les biens et buts de la vie et de tous les rapports généraux qui existent et doivent être maintenus entre eux pour que chacun soit réalisé en harmonie avec tous les autres.* La religion et la morale réunies ou la morale religieuse se réduirait à n'être que le mode d'accomplissement du bien.

Ces conséquences nous paraissent clairement s'induire du rôle que l'auteur assigne à la religion, à l'apogée de son développement : « Elle sera, » dit-il, « l'accomplissement pratique des grandes vérités morales et sociales du christianisme, développées par la science et liées par elle à toute la doctrine supérieure de Dieu, du monde et de l'humanité (1). *Elle sera l'union d'esprit et de cœur avec Dieu existant, doué de conscience propre, et, comme Providence, au-dessus (non en dehors) du monde, et intimement lié avec ce monde et avec l'humanité.* »

Le fond de la pensée de l'auteur se dégage encore plus clairement de sa doctrine sur le droit qu'il relie intimement à l'éthique. Cette union imprime un caractère moral au droit, en même temps qu'elle en assure l'extension à toutes les sphères de la vie individuelle et sociale qui rentrent toutes également dans le cadre de l'éthique, sans en excepter la morale et la religion. Le droit, dès lors, est destiné à appliquer les principes de l'éthique dans tous les domaines de l'activité, devant rendre la vie de l'individu et de la société humaine moralement bonne, c'est-à-dire conforme à la raison. D'où il tire cette conséquence, que chacun est tenu, en conscience et devant Dieu,

(1) *Cours de droit naturel,* 6ᵉ édition française.

d'exercer ses droits d'une manière conforme à la morale. Cette absorption du droit dans l'éthique qui en est ainsi l'âme, fait le fond de sa philosophie juridique. Elle a donc une grande importance, théoriquement et pratiquement parlant, aboutissant, d'un côté, à l'unité divine des buts de la vie naturelle, et de l'autre, à l'omnipotence de l'Etat érigé en suprême régulateur de ces buts comme organe réalisateur du droit. Elle consacre l'union du juste et de l'utile, autrement dit du droit et de l'ensemble des autres sphères de l'activité que l'Etat est appelé à diriger vers un but moral, en établissant entre elles un harmonieux accord, et assurant leur libre jeu par la détermination des conditions les plus propres à faire atteindre ce but commun. L'économie sociale, dans l'ensemble de ses branches, la science, l'art, la religion et la morale avec tous les rapports de la vie qu'ils embrassent réalisent ainsi, par cette magnifique alliance du bien, du vrai et du beau sous toutes leurs faces, l'unité divine des buts naturels.

Le système juridique, posé sur cette triple base, se manifesterait de la sorte comme un tout merveilleusement harmonique dont toutes les parties sont reliées et pénétrées par le principe organique.

Cette unité organique, cette loi commune du développement de la vie individuelle et sociale se rattache au rapprochement que fait l'auteur entre le monde physique et le monde moral qui, mis en regard l'un de l'autre, se résolvent, nous l'avons vu, en deux notions-mères, liberté et nécessité. Ces notions s'unissent dans une finalité supérieure, celle inhérente à la raison, qui est appelée à réaliser librement, dans l'ordre moral et social, en poursuivant les buts multiples de la vie de la manière à la fois la plus conforme à leur essence propre et à la morale, l'harmonie que Dieu a fondée éternellement dans l'univers créé. Cette union entre la matière et l'esprit, union qui, régie par la loi de perfectibilité, doit être éternelle, se continuant dans l'infinité de l'espace et du temps, devait conduire Ahrens à supprimer tout élément surnaturel dans cette vie et toute fin surnaturelle dans l'autre. Elle doit aboutir à procurer aux hommes la plus grande somme possible d'utilité matérielle et morale, en un mot assurer leur plus grande félicité temporelle. Il n'y a pas de fin réellement propre et dérivant d'un rapport personnel avec Dieu à atteindre par l'individu qui, pour remplir le mieux sa destinée, doit travailler au perfectionnement de l'humanité, par suite duquel il augmente le sien propre. C'est ce qui paraît résulter clairement de ces paroles par lesquelles les destinées de l'individu et de la collectivité dont il fait partie sont à peu près complètement rattachées l'une à l'autre. « La vie actuelle doit être considérée comme but en elle-même et se liant, comme partie intégrante, à la vie future infinie, laquelle, personnelle pour chacun, sera d'autant plus parfaite que l'homme et l'humanité auront cultivé tous les biens et acquis dans ce travail un capital spirituel et moral qui leur facilitera le perfectionnement ultérieur dans la vie future (1). »

Voilà à quelles conclusions finales aboutit cette doctrine, qui se renferme ainsi dans les horizons de la vie naturelle, si agrandis qu'ils puissent être par l'union indéfiniment féconde ou perfectible de la matière et de l'esprit, laquelle doit se poursuivre dans l'infinité du temps et de l'espace. Et par cet aboutissant, donnant la main à un naturalisme qui dépouillerait ses langes grossiers pour se spiritualiser en quelque sorte, elle demeure, dans son essence, rationaliste, quelque profondément imprégnée qu'elle soit de l'idée chrétienne dans son application au gouvernement des sociétés.

La croyance en la chute, en un rapport direct établi primitivement entre Dieu et l'homme, ne saurait se perdre ou s'affaiblir sans laisser s'évanouir ou s'obscurcir la notion du Dieu vivant et infiniment libre qui, d'une union naturelle, a voulu, une fois tombée, élever l'humanité à une union surnaturelle avec lui par l'incarnation du Verbe. La négation ou l'infirmation partielle de ce double fait contribue, par suite, plus que toute autre cause, à favoriser les progrès de ce qu'on a justement appelé le rationalisme chrétien, qui revêt bien des nuances et dont plusieurs traces se rencontrent même parfois chez de grands écrivains soi-disant encore catholiques.

C'est dans la voie chaque jour plus élargie de ce rationa-

(1) *Cours de droit naturel*, 6e édition française.

lisme que nous paraît marcher l'auteur. Il y marque une étape nouvelle qui pourrait servir de point d'arrêt ou de repère à tous ceux qui, émerveillés du progrès réalisé pour augmenter le bien-être de l'homme ou agrandir sa puissance intellectuelle, ne verraient d'autre fin que ce progrès lui-même, perdant de vue la prodigieuse ascension que nous demande la foi.

Il faut résolument opposer le transcendantalisme de la Révélation aux séductions de cette doctrine qui compte aujourd'hui beaucoup d'adeptes en France et à l'étranger (1), et paraît devoir servir de drapeau, surtout aux chefs de gouvernement qui, tout en poursuivant les améliorations sociales, notamment l'augmentation du bien-être des classes laborieuses, croiront devoir aussi, avant tout, pourvoir à la conservation de l'ordre chrétien.

Le côté prestigieux du système d'Ahrens est sans doute essentiellement tiré du caractère chrétien que lui imprime la foi des plus fortement accusées en l'absolu de la personnalité divine, par laquelle il croit se séparer entièrement de toutes les erreurs modernes plus ou moins entachées de panthéisme qui aboutissent à la négation de cette personnalité ; mais le trait de véritable originalité qui le distingue, c'est la manière dont il pondère et unit les deux éléments de l'ordre humain, le matériel et l'immatériel, le fini et l'infini, qui sont mis en compénétration croissante et indissoluble par la force et en vertu du principe absolu et conscient de cette union. Celle-ci doit gravir en quelque sorte tous les degrés possibles de l'échelle de l'ordre vivant, et se poursuivre ainsi indéfiniment sans pouvoir jamais se perdre dans le mystère impénétrable de l'activité éternelle et infinie qui la contient.

C'est cette compénétration dont l'auteur s'efforce d'amplifier le domaine pour féconder de plus en plus le champ de l'économie sociale. L'extension des applications de la loi organique destinées à relier plus étroitement l'ordre économique dans toutes ses branches à l'ordre religieux, moral et scientifique, en d'autres termes, le matériel au spirituel, n'a pas d'autre objet.

_____

(1) De ce nombre nous paraît être M. Isaac Péreire, auteur d'une récente brochure, *La question religieuse*, à laquelle il vient d'être donné une grande publicité.

Ce qui constitue le vrai progrès, c'est à son sens l'union et la solidarité croissante des deux éléments qui résument l'activité sociale analogue à celle du corps humain et se gouvernant par la même loi, et elle ne peut s'obtenir que par l'union également croissante des classes qui les représentent au sein des sociétés.

La prépondérance assignée au droit, qui devient le levier d'un semblable progrès, en ménageant cette double union, présente, dans sa construction organique du corps social, un cachet incontestable de grandeur. Régulateur à tous ses degrés, dans toutes ses branches et conditions, de l'activité individuelle et sociale, le droit est appelé à la diriger vers un but moral par son étroite union avec l'éthique, qui rattache à son tour tous les biens de la vie, tout le domaine de l'utile et des rapports économiques à l'ordre moral et religieux. Le droit, devenant ainsi le canal par lequel s'écoulent les influences vivifiantes de cet ordre à travers toutes les veines du corps social, doit être en progrès constant pour mieux remplir sa fonction d'union des deux ordres et des classes qui les personnifient. Mais en quoi réside ce progrès ? Consiste-t-il à faire prédominer l'éthique qui a un caractère mixte, comme comprenant le bien sous son double côté matériel et moral, et embrasse, dans son vaste cadre, tous les biens et buts de la vie, de telle sorte que toutes les sphères de l'activité s'appliquant à ces buts, reliées entre elles, forment, sous la pénétration de ce principe animique, un seul et même organisme.

C'est bien là, nous l'avons vu, tout le fond de la pensée d'Ahrens qui, représentant la société humaine comme devant se constituer de plus en plus en un vaste organisme vivifié par l'éthique, fait de l'Etat, agent et réalisateur du droit, un organe à part pénétré du même principe de vie. Le droit, au sein de l'organisme social, deviendrait ainsi, nous l'avons déjà dit, le régulateur universel, une sorte de principe vital moyen se concentrant activement dans l'Etat, qui soutiendrait l'âme comme le corps, constituant en un mot l'unité de vie et vivifiant le tout. Voilà le dernier aboutissant du système qui, poussé à ses extrêmes conséquences, consacrerait l'omnipotence du pouvoir politique. Mais c'est ici que l'auteur ne nous paraît pas être allé jusqu'au bout de ses principes. Ils devaient, à notre sens, le conduire plus loin. Ce principe vital moyen, n'étant qu'un intermédiaire, se subordonne à un principe supérieur et qui doit être à l'organisme social ce que l'âme est au corps. Il est illogique et contraire à la loi organique dont l'homme vivant est le type que ce soit le principe vital moyen qui anime le tout. Ce principe, en admettant qu'il puisse être comparé à ce qu'est pour l'âme l'enveloppe psychique qui retiendrait le corps en union avec elle par une force de compénétration infinie, devrait être pénétré entièrement par l'âme qui en serait la vie, de même qu'à son tour il serait la vie du corps.

A la lumière de cette comparaison n'aperçoit-on pas que l'auteur, sans cesser d'être logique, pouvait admettre, sans doute, l'unité de tous les buts naturels proprement dits, de l'art, de la science, du commerce, de l'industrie, de l'agriculture, de toutes les branches en un mot de l'économie sociale qui, se reliant entre elles étroitement selon un mode hiérarchique dans les classes qui les représentent, et s'influençant mutuellement sans rien perdre de leur indépendance relative, convergent vers un même centre de direction, l'Etat. Mais c'était à la condition que celui-ci, se laissant pénétrer par le principe supérieur que représente l'ordre moral et religieux, et en subissant à son tour les influences vivifiantes, les transmît à toutes les branches de l'activité pour les mettre en communication, tout au moins indirecte, avec cet ordre. Renfermée dans ces limites, l'unité des buts naturels dont l'Etat eût été le suprême régulateur, les coordonnant et subordonnant les uns aux autres, fût restée chrétienne et pleinement conforme aux exigences de la loi organique. Elle eût représenté les liens de dépendance si multiples qui unissent les fonctions et organes du corps vivant et en font une unité active par l'intermédiaire d'un même agent. Comparable à l'unité complexe de l'agrégat organique, laquelle, avec sa force efficiente, est subordonnée à un autre principe supérieur, simple, immatériel, elle se fût reliée à l'unité causale et finale de vie, à l'âme, et par elle à la causalité et à la vie suprême infinie. Pour que l'assimilation eût été complète et conforme au plan divin qui a uni l'ordre naturel à l'ordre surnaturel et fait servir le premier de préparation, de transition au second, il fallait, en un mot, que l'unité divine des buts

naturels eût été intimement rattachée à un autre but eu égard
auquel ils n'eussent été que [buts-moyens; et c'est la religion
seule qui pouvait former ce but prépondérant, et, par la classe
qui la représente, faire servir tous les autres de moyens. Autonomie vivante, en tant que subordonnée et se reliant à l'autonomie suprême, elle avait, par l'Eglise, le gouvernement des
âmes; et ce gouvernement spirituel devait donner la main à un
autre de nature mixte ou moyenne, à la fois spirituel et matériel, réalisant le type de ce principe vital moyen dont parle
l'auteur, tenant à la fois de l'âme et du corps. C'est ce principe
qui, jouant au sein de l'organisme social un rôle [analogue à
celui de l'agent de l'union de l'âme et du corps dans l'homme
vivant (1), eût répondu au droit uni à l'éthique. Le juste et
l'utile se seraient tenus ainsi étroitement embrassés, de telle
sorte que, dans le domaine économique comprenant l'ensemble
des intérêts ou des utilités, le juste prévalût toujours. La subordination de l'utile au juste, impliquée par le droit, que les
jurisconsultes romains appelaient, avec tant de vérité, *ars boni
et æqui*, comme les comprenant tous deux dans son cadre élargi,
et réalisée par l'Etat s'efforçant de plus en plus de rapprocher de l'idéal religieux l'ensemble des lois civiles, voilà la
vraie mission du pouvoir chrétien; et une [semblable mission,
s'étendant avec la multiplicité des relations sociales, eût pu
être, sous ces conditions, remplie par ce pouvoir d'une manière plus complète.

Le principe organique est essentiellement chrétien de sa
nature, et ne trouve sa pleine application que dans la société

---

(1) *Les études et problèmes de biologie générale*, dernière œuvre de mon
frère de si regrettée mémoire, qui, comme professeur à la faculté de méde-
cine de Paris et inspecteur général de l'enseignement supérieur, avait été
le plus éloquent et le plus autorisé défenseur du spiritualisme sur le terrain
de la science, jettent une grande lumière sur tout ce qui concerne l'union
de l'âme et du corps. Il me semble qu'en restant fidèle à ses principes, il
eût pu admettre un agent intermédiaire entre l'âme et le corps. L'âme, dans
cette hypothèse, pénétrerait à l'infini l'organisme, en se réalisant activement en lui par le moyen de cet agent qui le rattacherait à son tour à l'âme
comme force infinie d'union tenant des deux et qui serait ce qu'on peut appeler l'enveloppe psychique.

croyante des premiers temps de l'Eglise, dans cette société qui
réalisait le type organique divin si bien mis en relief par saint
Paul. Où trouver une union plus complète de charité entre les
diverses classes qui, par suite de l'ennoblissement que le christianisme a imprimé au travail des mains, se voyaient élevées au
même niveau? Le vrai progrès ne peut se rencontrer que dans
le nivellement croissant par la charité, par l'unité de foi et
d'amour qui, parvenue à son apogée, ferait de tous les hommes
autant de membres d'une même famille. Mais l'amour étant essentiellement libre par sa nature, tous les progrès de l'état social où la charité n'étendra pas sa féconde vertu d'union, depuis
la famille jusqu'à l'Etat, et qu'on voudrait réaliser en dehors de
la liberté, ne sauraient être durables.

Ahrens a complètement et sous toutes les faces mis en relief
cette vérité que les intérêts matériels ont toujours divisé les individus comme les peuples (1), qui ne se rapprochent efficacement que par la force morale des croyances et lois, lesquelles
prennent leur source dans l'ordre moral et religieux; et néanmoins, en mettant cet ordre au niveau de l'ordre scientifique et
économique, il lui enlève presque toute l'efficacité de sa vertu
d'union. Le premier n'offre plus dès lors un roc ferme et iné-
branlable sur lequel le second puisse s'asseoir. Pour que la société civile et la société religieuse se servent d'appui l'une à
l'autre, il faut qu'elles réalisent par leur accord une harmonie
parfaite.

Cet accord est comparable à celui qui doit exister entre la
raison et la foi d'un côté, la volonté et la grâce de l'autre, pour
répondre à l'union établie par Dieu entre le naturel et le surnaturel dans l'ordre humain, et par suite dans la sphère des facultés spirituelles et morales. Ahrens n'assigne, on le sait, à
l'homme qu'une fin raisonnable et nie par là le surnaturel dans
ses destinées et celles du genre humain. Il ne retient de la
Révélation que ce qui reste compréhensible à toute intelligence,
n'admettant qu'une union implicite à l'origine avec Dieu, exclusive d'un rapport direct avec lui aussi bien que d'une sépara-

(1) Voyez le 2ᵉ volume de notre traduction : l'*Histoire de la philosophie
du droit.*

tion absolue par la chute, et à laquelle ne peut répondre dans la suite qu'une foi purement naturelle ou raisonnable ; dès lors il ne saurait comprendre et reconnaître la supériorité réelle des fins dernières poursuivies par la société religieuse et susceptibles, par leur nature, de se séparer de celles inhérentes à la félicité temporelle que tend à obtenir la société civile.

D'après le dogme chrétien, la raison doit chercher la lumière surnaturelle de la foi et s'y unir pour remplir sa loi dernière, de même que la volonté doit suivre l'impulsion de la grâce pour remplir finalement la sienne. Ahrens, dans son système, n'admet comme vérité de foi et comme possible qu'une union à la fois abstraite et naturelle avec Dieu, inhérente à l'exercice et au développement continu de la raison et de la volonté reliées étroitement l'une à l'autre. Il ne pouvait, par cela même, reconnaître la suprématie légitime qui appartient à l'Eglise (1) au seul titre de la supériorité de la fin par elle poursuivie, et à laquelle toutes les autres de l'ordre temporel doivent dès lors se subordonner ; et il est ainsi amené, en définitive, à transférer à l'Etat, dont la mission, représentée par l'éthique et le droit est inférieure néanmoins à celle inhérente à la religion et à la morale, la primauté qu'il enlève à l'Eglise, s'écartant à la fois par là des vues vraiment chrétiennes et des conséquences logiques du principe organique par lui admis sans restriction.

(1) Il va sans dire que par l'expression générique d'Eglise nous ne pouvons désigner que l'Eglise catholique.

FIN.

TABLE DES MATIÈRES

CHAPITRE IX.

CHAPITRE X.

CHAPITRE XI.

CHAPITRE XII.